Schneewittchen
und die sieben
vertikal Herausgeforderten

Rainer Bruno

Schneewittchen und die sieben vertikal Herausgeforderten

Politisch korrekte Märchen gegen Magersucht, Kindesmißbrauch, Schönheitswahn, sexuelle Belästigung, Freßsucht, Konsumwahn, Gewalt im Fernsehen, miese Frauendiskriminierung - mit Girlies, die Gold spinnen und wie Fakire auf Erbsen schlafen.

Illustriert von Haimo Kinzler

Eichborn.

Die Deutsche Bibliothek – CIP-Einheitsaufnahme

Bruno, Rainer:
Schneewittchen und die sieben vertikal Herausgeforderten : politisch korrekte Märchen / Rainer Bruno. Ill. von Haimo Kinzler. – Frankfurt am Main : Eichborn, 1996
ISBN 3-8218-3416-1
NE: Kinzler, Haimo [Ill.]

Umschlaggestaltung: Rüdiger Morgenweck
unter Verwendung einer Zeichnung von Haimo Kinzler.
Lektorat: Matthias Bischoff.
Satz: Fuldaer Verlagsanstalt GmbH, 36003 Fulda.
Druck und Bindung: Wiener Verlag, Himberg.
ISBN 3-8218-3416-1

Verlagsverzeichnis schickt gern:
Eichborn Verlag, Kaiserstraße 66, D-60329 Frankfurt/Main.

Inhalt

Gewidmet:
den Gebrüdern Grimm
und allen anderen alten Säcken

Gebrauchsanweisung

Der Bundesmärchenminister rät:

Diese politisch korrekten Märchen
sind erst nach Konsultation
von mindestens drei eindeutig moralisch
unanfeindbaren
Erziehungsberechtigten
fein dosiert und gezielt
mit tiefen Stirnfalten vorzutragen.
Besserung tritt rasch ein.
Nebenwirkungen – außer einer
plötzlichen großen, selbstzufriedenen
Schläfrigkeit – sind nicht bekannt.

1.

Rot-Kappe und die Rohkost

Wie der Wolf zum Vegetarier wurde

Eine junge selbstbewußte Frau, die sich schon lange nur von Körnern, Beeren und Salaten ernährte, hatte von der frischen Kost so eine gesunde Gesichtsfarbe, daß alle Leute meinten, sie habe ein rotes Käppchen auf. Eines Tages, als ihr großes vegetarisches Vorbild, ihre Großmutter, überraschenderweise mit Krämpfen danieder lag, überlegte das Rotkäppchen, wie es seinen selbstverständlichen Verpflichtungen aus dem Generationenbund am besten nachkäme und Großmuttern Gesundung bringen könnte.

Die emanzipierte Ahnin lebte naturnah in einem Haus im Wald, um dort die frische Luft zu inhalieren und die Ruhe zu genießen, die sie auch in der Zen-Meditation suchte. Nur mit dem Schneidersitz haperte es. Deshalb kam sie nun auch nicht mehr hoch.

Die Frau Großmutter war allerdings – teils aus Naschhaftigkeit, teils aus zahntechnischer Notwendigkeit – eine Puddingvegetarierin. Das bißchen, was sie aß, schlürfte sie lieber.

So dachte die besorgte Enkelin: »Es kann gar nicht schaden, wenn sie mal etwas Festes zu sich nimmt. Ballaststoffe – das sagen auch die Krankenkassen! So will ich ihr denn einen Vollwert-Kuchen bringen. Und ein Fläschchen Bio-Wein, wohlan, zum Hinunterspülen und Kreislaufanregen. Das wird der alten Dame guttun.«

So packte sie mit Bedacht ihr Weidenkörbchen und ging, selbstverständlich zu Fuß, zum Haus im Wald.

Unterwegs traf sie einen Wolf, den es aus den fernen Karpaten auf Nahrungssuche in diese zwar naturbelassene, aber doch nicht mehr sehr ursprüngliche Gegend verschlagen hatte — ein Wolf, so fern der Heimat, so fern vom Rudel und den gewohnten Waldestieren, immer wieder aufgeschreckt von neurotischen Joggern und fortwährend belästigt von gelangweilten Förstern, die längst nichts mehr anderes zu tun hatten, als umgefallene Bäume mit Nummern für den Abtransport zu versehen. Der Wolf war so verstört von diesem ungewohnten, hektischen Treiben, daß er zu sprechen begonnen hatte.

Der Wolf also sagte zum fürsorglichen Mädchen: »Hi, Rotkäppchen, wo geht's denn so hin mit dem schweren Korb voll Leckereien, wie?«

Einerseits mochte das gute Kind keine so blöde Anmache von der Seite — noch dazu im dunklen Wald. Andererseits sah es, daß der Wolf hungrig blickte und einsam war — noch dazu in einem fremden Land, das nicht gerade berühmt für seine Gastlichkeit ist und schwere historische Schuld auf sich geladen hat.

Also war es freundlich zu dem hungrigen Elendsflüchtling und sprach: »Mein bester Herr Wolf, ich bin unterwegs zu meiner kranken Frau Großmutter, die mich dankenswerterweise zum Vegetarismus angeleitet hat. Und selber?«

Der Wolf verstand nicht recht. Vegetarismus? Was sollte der Quatsch? Kranke Großmutter? Die wollte er gerne verspeisen — er liebte das hors d'oeuvre zäh, da sich beim Kauen viel Speichel bildete, was der Verdauung wohltat, wie auch in jeder Krankenkassenzeitung nachzulesen war.

Wölfe als besonders seltene Spezies wissen allerdings ganz instinktiv das Richtige zur Ernährung — genau wie die Krankenkassen, obwohl die häufiger anzutreffen sind, wenn auch nicht im dunklen Wald.

Danach wollte der Wolf die knackige junge Dirne als Hauptgang verspeisen — und als Dessert den Kuchen mit Wein!

Freudiger Glanz stieg ihm in die Augen, wie er sich so in Vorfreude das Rotkäppchen und ihr Weidenkörbchen betrachtete.

Dem klugen Kind entgingen die bedenklichen Blicke nicht. Doch es zog in seiner arglosen Fremdenfreundlichkeit die falschen Schlüsse: »Guter Herr Wolf, gerne würde ich Ihnen ja als Zeichen der deutschen Gastfreundschaft ein Stück Kuchen und ein Schlückchen Wein reichen, nicht zuletzt wegen unserer historischen Schuld. Doch denke ich: Artgerecht wäre das nicht! Weil Ihr von Natur aus ja zur Fleischeskost verdammt seid, die ich ablehne. Nun ja, so ist die Balance der Lebewesen, in die wir beide ja wohl besser nicht eingreifen wollen. Und tschüß!«

Blöde Schnepfe, dachte der Wolf noch, sprang ihr aber behende nach und sprach sie schleimig an: »Na! Und? Has' ma' 'ne Mark, Rotkappe?«

Sie verneinte höflich: »Nein, nein, so nicht, werter Herr Wolf. Ich lehne es nämlich grundsätzlich ab, Spenden freihändig, ohne steuerliche Bescheinigung auszugeben, über deren schließlichen Verwendungszweck zudem nichts Genaues bekannt ist.«

Ich sollte sie doch lieber gleich fressen, dachte der Wolf da. Aber seinen ausgewogenen Speiseplan wollte er sich von diesem vorlauten Geschöpf nicht kaputtmachen lassen. Überhaupt ist in jeder Krankenkassenzeitung nachzulesen, wie wichtig ausgewogene

Speisepläne sind, wie sehr die gelassene Einhaltung derselben auch zum seelischen Wohlbefinden beiträgt.

Was dem Wolf allerdings im Moment irgendwie scheißegal war. Man lebt ja nur für den Moment. Außerdem war in den Karpaten das Krankenkassenwesen noch nicht so ausgeprägt.

»Schad'«, schleimte er, »Pech gehabt, ich wollt' dir dafür einen Strauß Blümchen vertickern, Rotkappe.«

»Ach so, aha, ja dann«, sagte das Rotkäppchen gerührt.

Es begrüßte es grundsätzlich sehr, wenn entwurzelte Wesen wie Asylbewerber und Hungerflüchtlinge sich ihre Existenz durch eigener Hände Arbeit zu gestalten suchten, durch Rosenverkauf oder so, was in einer heutigen Wolfsgesellschaft nicht immer einfach ist.

Andererseits sparte es selber auch ganz gern. Aldi war um die Ecke. Und die Blumen im Waldi – gehörten sie nicht allen Geschöpfen?

»Danke für Ihr freundliches Angebot, verehrter Herr Wolf. Gute Idee auch. Aber die paar Blumen für meine Großmutter pflück' ich mir schon selber.«

Die freß' ich doch noch gleich, dachte der Wolf knurrig.

Aber dann dachte er an seinen ausgewogenen Speiseplan, verabschiedete sich knapp und rannte zum Haus der Großmutter.

Die Tür stand offen, weil die alte Frau verbarrikadierten Besitz gar nicht schätzte, da so die spontane nachbarschaftliche Kommunikation durch verschlossene Türen von vornherein unterbunden wird.

So kam der Wolf hereingeschlendert und ging schnurstracks zum Bett.

Oh, ein freilaufender Wolf, wie nett. Sieht ausgemergelt aus, dachte die Großmutter noch. Happs, verschlang der Wolf die alte Frau. Ungesunderweise in einem Stück — samt ihren schneidersitzverknoteten Beinen.

Dann legte der Wolf sich gestärkt auf das Bett, döste ein wenig und freute sich schon auf das leckere Mädchen, auf den Kuchen und den Wein.

Rotkäppchen hatte sich auf einer Wiese unterdessen einen üppigen Strauß Wildblumen gepflückt und sich am Rand der Lichtung niedergelassen. Sie grübelte, ob es auch recht war, einfach so Blumen für eine Vase abzureißen: Blümchen, die hier doch in ihrem natürlichen Lebensraum standen — die doch Lebewesen waren wie sie und der Wolf, also auch ein Existenzrecht hatten wie überhaupt alles unter der Sonne. Und ihre Blüten boten doch Nahrung für die Schmetterlinge und Bienen, diese geliebten fliegenden Vegetarier!

Was hatte sie nur getan? Unschuldige Lebewesen geknickt und abgerissen! Sie hatte andere kleine, hungrige Tierchen des vegetarischen Essens beraubt! Über diese fundamentalen Gedanken verfiel das Rotkäppchen in so tiefe Depressionen, daß sie unbedacht die Weinflasche öffnete und sich betrank. Aber es half nichts. Geschehen war geschehen. Es war

nicht zu ändern. Und wie mußten sich erst Fleischesser im Angesicht ihres Koteletts fühlen? Die Welt konnte so grausam sein. Beklommen und benusselt schwankte das Rotkäppchen zum Haus der Großmutter.

Die Tür stand weit offen, und sie ging, jenen Blumenstrauß des Bösen vorneweg, hinein. Aber sie wurde nicht begrüßt wie gewohnt. Durch all die Blumen war ihr der vom Alkohol ohnehin getrübte Blick verstellt. Doch sie sah ein Paar pelziger Ohren.

Da lallte sie: »Eieiei, Großmudder, was hassu denn für dolle Ohren?«

Ich hätte sie doch als erstes fressen sollen, dachte der Wolf im Bett. Aber er machte das trunkene Spielchen mürrisch mit.

»Damit ich dich Dirne besser hören kann«, knurrte er. In den Karpaten liebt man Geschichten mit viel Knoblauch und viel Dirnen. (Oder waren es Birnen? Wölfe nuscheln oft.)

Das gute Kind war ob dieser Worte und wegen des Weines ein wenig verwirrt.

Es setzte sich auf die Bettkante, legte den Strauß beiseite und blinzelte die Großmutter an. »Ja, und sach' ma, was hassu denn für jroße Augen, wie?«

Dem Wolf reichte es langsam. Er schätzte solche überdrehten Hauptgerichte gar nicht. »Damit ich dich besser riechen sehen kann, dusseliges Ding«, murrte er.

Da stutzte das Rotkäppchen kurz und überlegte, ob das eventuell womöglich vielleicht und überhaupt gar nicht seine Großmutter sei.

»Jaja, ah so! Und warum hassu so große Pfoten?« fragte das Rotkäppchen nun ganz gescheit.

Jetzt rastete der Wolf aus: »Damit ich dich besser an den Ohren ziehen kann, du Teufelsbraten!«

Er packte sie an den Ohren und schüttelte daran, daß der Kopf davon noch röter und röter wurde.

Nein, nein, das war gar nicht die Art der Großmutter, dachte das Nochröterkäppchen. Aber es würde schon herausfinden, was es damit auf sich hatte!

»Hör' ma'! Hör'ma! Und wiesu hassu so 'n großes

Maul und so'n entsetzlichen Mundjeruch?« fragte das beschickerte Mädchen geschickt, wenn auch nicht ganz korrekt ausgesprochen.

Dem Wolf war's zuviel: »Das mußt du gerade sagen – mit deiner Fahne! Damit ich dich besser verschlingen kann, kapiert, du Aas?«

Dem Rotkäppchen kam das nicht sehr höflich, wenn auch möglicherweise berechtigt vor. Es zappelte ein wenig in den Pfoten des Wolfs und atmete kräftig aus.

Auch wenn der Wolf Bedachtsamkeit beim Fressen schätzte, so war seine Nase für diese unsäglichen Atemdünste zu fein – er verschlang das Rotkäppchen mit einem Happs.

Dann war endlich Ruhe, und der Wolf lümmelte sich zufrieden im Bett. Jetzt noch den Kuchen und den Wein, holla! dachte er. Und dann nach einem Nickerchen nix wie ab in die Karpaten. Hier laufen ja nur Blöde herum.

Er tastete mit halb geschlossenen, träumenden Augen nach dem Korb, fand aber nur den Kuchen darin.

Wütend sprang er aus dem Bett auf: »Verdammt, ohne Wein ist mir das ganze Menü versaut.«

Der Wolf tobte vor Wut. Er trat gegen das Bett, kickte den Korb klirrend durch das geschlossene Fenster und riß Tisch und Stühle um.

So ist das, wenn Essensabläufe aus unvorhersehbaren Gründen nicht eingehalten werden können und Kostpläne nicht die erwünschte Abrundung finden.

Durch den Lärm im Waldhaus wurde ein gelangweilter Förster aufmerksam, der gerade draußen vorbeiflanierte.

Er schlich sich mit geladener Flinte an und haute

sie dem randalierenden Wolf über den Kopf. Gerne hätte er das wilde Tier erschossen, am besten dreimal, aber er wollte sich keinen Ärger mit Artenschützern einhandeln.

Als er sich das Tier, so am Boden liegend, besah, fielen ihm der Blumenstrauß und der leere Weidenkorb daneben auf. Und das Bett der Großmutter war mehr zerwühlt, als man es von einer älteren, zurückgezogen lebenden Dame erwartet!

Da griff der Förster zum Hirschtöter, den er von einem Kollegen bekommen hatte, der damit einmal ein seltenes Schneewitt ausweiden sollte — was auch nicht gerade artgerecht war —, und schlitzte den Wolf längs auf. Das war nun überhaupt weder artenschützerisch noch organspendentechnisch optimal zu nennen!

Aus dem geöffneten Bauch räkelte sich die Großmutter hervor.

»Was hast du für verknotete Beine, Frau Großmutter?« fragte der Förster entsetzt.

»Das kommt von den tollen tibetanischen Entspannungsübungen, mein Junge«, sagte die Alte und half dem lila angelaufenen Rotkäppchen aus dem Bauch.

»Und was hat die Kleine für eine kotzblaue Fahne?« fragte der Förster entsetzt.

»Damit sie dich besser ertragen kann, kleiner Depp«, sagte die Großmutter.

Das Blaukäppchen torkelte durch den Raum aufs Bett und fiel pardauz darauf. »Scheußlich großes Maul — und entsetzlicher Mundgeruch! Das kann kein Vegetarier gewesen sein, typisch!« röchelte sie noch und schlief sofort schnarchend ein.

Der Förster sah die Großmutter fragend an: »Ja was? Ja wie, und wer hat bitteschön die artgeschützten Wiesenblumen da alle gepflückt? Das kann ich nicht ungeahndet lassen!«

Die Großmutter war ein wenig verlegen. Dann deutete sie auf den zerschlitzten Wolf: »Na, der da wohl! Der dachte bestimmt, so kriegt man die Frauen 'rum. Hat er sich aber geirrt.«

Der Förster war nicht minder verlegen. »Na gut, dann näh' ich den Strolch zusammen, und er soll sich vor der städtischen Forstverwaltung für seine Wiesenschändung verantworten.«

So ward es getan. Das Blaukäppchen aber schlief seinen Rausch aus. Und die Großmutter setzte einen streng vegetarischen Rumtopf an, den sie auch mit dem Strohhalm zu sich nehmen konnte.

Kurzfassung für Freunde des Infotainment:

Eine alleinlebende Seniorin wird von einem in seiner natürlichen Lebenshaltung verstörten Wesen im Wolfspelz – selbstverständlich letztlich irrtümlicherweise — als Vorspeise eingenommen und von der rotwangigen Enkelin, die eigentlich, dem Generationenvertrag entsprechend, zur Pflege der alten Frau gekommen war, als Appetithäppchen nachgefolgt.

Ein noch nicht ganz vom Vegetarismus und den Selbstregulierungskräften der Natur überzeugter Forstmann nimmt an dem vollgefressenen Wesen, das, völlig sozial entwurzelt, die Nähe zu menschlichen Behausungen suchte und randalierte, einen unerlaubten Organspendeeingriff vor, bei dem als Folge dieses ethisch unvertretbaren Tierexperiments die Verschlungenen wieder zutage kommen.

2.

Happy Hans

Wie Hans zum Glück durch Enthaltsamkeit fand

Hans war eine landwirtschaftliche Hilfskraft. Als Held des Humus hatte er sieben Jahre für einen Ökobauern geackert und war es nie gram geworden. Deshalb nannte man ihn Happy Hans. Auch weil er stets den richtigen Sound hatte: Immer ein Liedchen auf den Lippen – keines unter Platz zehn der Hitparade!

Als er nun für seine Verdienste um die ökologische Landwirtschaft und die Erhaltung natürlicher Lebensmittel sowie die artgerechte Haltung von Hoftieren entlohnt werden wollte, zögerte der Bauer nicht lange: Er gab ihm einen Klumpen Gold. Er sollte ja auch in Zukunft was zu beißen haben.

So ging der Happy Hans mit seinem Lohn-für-sieben-Jahre-Arbeit-schweren Klumpen Gold übers Land. Er wanderte hin zu seinem Heimatdorf, um die Mutter redlich vor der Pflegeversicherung zu bewahren. Und um ein guter Sohn zu sein, der sich vor der Doppelbelastung der Frau verbeugt.

Die Sonne brannte, der Schweiß rannte. Der Happy Hans kam ins Grübeln, wie er es so oft auch in der Stille der Scholle getan hatte. Ohne Ergebnis, denn es ist ein weites Feld, wenn ein Mann ins Grübeln gerät.

So stand er da und dachte noch »Was soll das alles? Wo ist der Sinn?«, als ein Reiter vorbeikam. Den sprach der Happy Hans an: »Sag, Reitersmann, was ist der Sinn von alledem? Sieben Jahre lang geschuftet – und jetzt hab' ich bloß diesen Klumpen Gold, der mich drückt.«

Der Reiter stieg vom Pferd, klopfte zuversichtlich an seinen Zossen, daß es nur so staubte, und dann dem Happy Hans auf die Schultern: »Genau, Scheiß-Materialismus überall! Das bringt doch gar nix. Gold hamse alle – und deshalb fallen die Preise ständig. Heute schon den Börsenbericht gehört?«

Happy Hans schüttelte bedrückt den Kopf.

Nein, er hörte doch nur den Landfunk und die Hitparade, wie es sich für die sensiblen Schaffenden gehört, denen das Vagabundieren von Milliarden Dollars an den Börsen schwindelerregendes Kopfrauschen bereitet.

»Sehn Se,« sagte der Reitersmann und staubte wieder seinen Gaul ab, »deshalb heißt es ja auch: Das Glück liegt auf dem Rücken der Pferde!«

Da wollte der Happy Hans auch sofort ein Pferd.

Er schmetterte ein fröhliches »Ticket to ride«, und der Reitersmann ließ sich nicht nur vom Gesang erweichen, sondern gab ihm das Pferd für den Klumpen Gold.

Da war der Happy Hans im Glück und galoppierte los. Der Wind wehte ihm um die Nase, der Schweiß verflog, die Heimat kam näher.

Er wurde übermütig und gab dem Gaul die Sporen. »I' m riding with the wind«, gröhlte er.

Das Pferd aber, eine vom dauernden Gerittenwerden ohnehin entnervte Kreatur, bäumte sich gegen solch sklavenhalterisches, atonales Benehmen auf und warf den Happy Hans im hohen Bogen in die Büsche.

Da kam ein Mann mit einer Kuh des Wegs und schüttelte den Kopf: »Was sind denn das für Possen? Man tritt doch ein Pferd nicht so in die Seiten. Das tut doch weh.«

Der Happy Hans sortierte seine Knochen und befreite sich aus dem dornigen Gestrüpp: »Jaja, recht gesprochen. Ich Schinder, ich! Es ist mit mir durchgegangen — ausgerechnet ich, der ich stets die Lebewesen behandelt hab' wie meine Brüder und Schwestern.«

Der Mann aber schüttelte den Kopf und sprach mit harschem Ton: »Genau. Wie ein Ochse siehst du aus! Du paßt gut zu meiner Kuh. Bei der kommt auch nur viel Muh raus — und wenn sie sich noch so viel Mühe gibt.«

Das gab dem Happy Hans mal wieder zu denken: »Sometimes I'm up, sometimes I'm down! Manchmal hab' ich den Blues, manchmal mach' ich nur Muhs! Wozu nur all die Mühe? Wozu nur der Materialismus? Ey, und will man schnell vorankommen, so wird man doch nur abgeworfen. Ach weh, was ist der Sinn?!«

Der Mann mit der Kuh verstand sich aber ausgerechnet ganz toll auf Sinnfragen. Er hatte dreizehn Semester Sinnologie studiert und dafür nicht mal einen Klumpen Gold, sondern bloß die Kuh bekommen.

»Das ist Kuhfuzzianismus«, sagte er, »die Lehre vom stillen Glück — wenn Milch, Quark und Käse fließen.«

Das leuchtete dem Happy Hans ein, und er wollte auch so ein glücklicher Fuzzy werden. Und schon tauschte er sein Pferd gegen die Kuh.

Zufrieden ging er mit der Kuh am Bande seiner Wege und sang: »Oh, Suzy Kuh, my baby, I love you, Suzy Kuh, all the time, I love you, Suzy Kuh!«

Es wurde ihm wieder heiß, der Schweiß rann, der Durst nach frischer Milch wurde größer. Happy Hans stoppte, band die Kuh an einen dürren Baum, legte seine Thommy-Gottschalk-Kappe unter ihren Euter und griff schüchtern zu, weil man ja nie weiß, wie weibliche Wesen darauf reagieren.

Es kam, wie es kommen mußte: Die Kuh haßte es, wenn jeder dahergelaufene Macker ihr an die sekundären Geschlechtsmerkmale faßte, noch dazu mit feuchten Fummlerpfoten. Also keilte sie ihm die Hufe ins Gemächt.

Da kam ein Mann mit einem Schwein vorbei. »Hoppla, das hätte auch ins Auge gehen können! So geht das, wenn Mann zudringlich wird.«

Hans rappelte sich auf, die Kleidung zerrissen, den Körper verbeult, das Glück zerronnen.

»Wo ist der Sinn?« fragte er. »Eben noch Materialist, dann im Pferdehimmel, dann ganz der eigene Kuhruh – und nun Opfer des Kung Kuh! Ach weh, wo ist mein Glück geblieben, das ich all die Jahre in selbstbestimmter, unbezahlter Arbeit hatte? Diese Erfüllung in der landwirtschaftlichen Lebensgemeinschaft – noch unverstellt von den Sorgen der Sinnsuche, fernab der Heimat.«

»Schwein gehabt«, sagte der Mann, »nun sind wir ja da: Das Glücksschwein und ich.«

Und er erzählte, wie wichtig es heutzutage in diesem verdammten Schweinesystem sei, selber Schwein zu werden oder zumindest welches zu haben.

Da war der Happy Hans belehrt und tauschte begeistert seine Kuh gegen das Schwein.

Er wanderte weiter und fühlte sich wie die Prinzen. Nun war er völlig sicher, daß ihm kein Unrecht mehr widerfahren könne. Nun gehörte er selbst zum

Schweinesystem. Da sollte ihm bloß mal einer dumm kommen — noch dümmer als er selber!

Und so einer kam!

Ein Mann mit einer dummen Gans am Arm sah den Happy Hans spöttisch an und fragte: »Aus welchem Stall kommst du denn? Die Klamotten zerfetzt, der Körper geschunden und dann die rüsselnde Sau an den Fersen? Du siehst mir ja nach einem ganz glücklichen Kerlchen aus!«

Er lachte wie ein Sack, und die Gans gackerte dumm dazu.

Der Happy Hans war sauer: »Ganz recht! Ich bin ein furchtbar glücklicher Kerl. Mein Leben lang hab' ich geschuftet wie 'ne Sau! Nun will ich ein Schwein sein. Du mußt ein Schwein sein! Sonst nennt dich keiner ernst.«

»Du bist saukomisch — und sie nennen dich doch Ernst?« Der Kerl lachte sackig, und die Gans gackerte dümmlich. »Naja, nicht jeder kann völlig widerspruchsfrei sein — wie ich, so rein mental.«

Das wunderte den Hans, der sich den Ernst verbat, denn doch. Denn wo war da der Sinn?

»Du mußt in dir ruhen. Das geht nur, wenn du eine Einheit mit dir selber bist. Dazu mußt du dich akzeptieren lernen. Wenn du mit dir selber Freund bist, dann ist das Leben Freund mit dir.«

Für den Happy Hans war das alles neu: Wie man denn das mache, mit der Ruhe und der inneren Einheit und dem Akzeptieren und dem Ich als bestem Freund sowieso, fragte er.

Der Mann wurde plötzlich geheimnisvoll. Er beugte sich vor und flüsterte: »Siehst du das Federviech da? Schon mal was von der ›Gans im Glück‹ gehört?«

Selbstverständlich hatte Happy Hans schon von der Gans im Glück gehört. Er war ja nicht blöd.

So kam es, daß er das dumme Schwein gegen die dumme Gans tauschte. Gackernd und »Gans in Weiß, mit einem Blumenstrauß, sag' ich dir, verdummt, isch liebe disch« singend, kamen die beiden der Heimat näher.

Aber es war immer noch heiß. Der Schweiß rann, Happy Hans hatte nichts als morgens Müsli gegessen und nichts getrunken. Jedoch die faule Gans unterm Arm war noch schwerer als der Goldklumpen.

Da traf Hans einen Scherenschleifer am Wegesrand, der in der Sonne lag. »Du siehst glücklich aus«, sagte der Happy Hans neidisch und legte sich dazu.

»Kein Wunder«, sagte der Scherenschleifer. »Wenn du Scherenschleifer bist, hast du immer Geld inner Tasche. Die Leute wollen übers Messer barbiert werden. Also mußt du es ihnen schön scharf machen. Die Leute lieben es scharf, glaub mir.«

Das leuchtete natürlich unmittelbar ein: Nichts ging über ein Messer, eine Sense, Sichel oder Schere, die schnitten. Nichts ging über Zwiebeln und Pfeffer auf Tomatenbrot.

»Aber was ist der Sinn, wenn das Leben scharf ist?« fragte der Happy Hans.

»Keine Ahnung«, sagte der Scherenschleifer. »Darin liegt ja der Sinn: daß alles so völlig sinnlos ist — aber messerscharf, klar?«

Der Happy Hans begriff. So war das also!

Nun brauchte er nur noch den Scherenschleifer zu überreden, die Gans zu nehmen und den Schleifstein zu geben, und er war am Ziel.

»Der Stein ist ein wenig schadhaft«, sagte der brave Mann, der ein stumpfes Messer aus der Tasche zog, um die Gans damit zu schlachten. »Aber ich geb' dir noch diesen dazu — dann kannst du damit Nägel gerade klopfen, wenn die Leute Bilder aufhängen wollen.«

Er nahm einen Stein, der geradewegs neben ihm lag, und reichte ihn dem glücklichen Hans. »Toll«, sagte der. »Ein Stein!«

So ging er beschwingt in Richtung Heimatdorf. Die beiden Steine gackerten nicht, sie traten auch nirgendwo hin und warfen den Happy Hans nicht ab.

Aber es war heiß. Der Schweiß des Gerechten rann in Strömen. Und die Steine waren schwerer als alles andere zuvor. Selbst ein Liedchen frommte nicht mehr. Erst sang der Happy Hans »Like a Rolling Stone«, dann »You can't always get what you want«, schließlich »Sympathy for the Devil«. Es machte ihn nicht glücklicher.

Da geriet der Happy Hans abermals in eine Krise. Was nützte es, wenn alles scharf war, aber ihm viel zu heiß?

Er ließ sich an einem Brunnen nieder, legte die Steine darauf ab und wollte sich am Wasser kühlen. Dabei aber fielen die Steine platsch ins Wasser. In Brunnen fällt heutzutage sowieso alles mögliche: goldene Kugeln, verzauberte Königssöhne und dergleichen. Da braucht man sich über die Gewässergüte gar nicht zu wundern.

Der Happy Hans war begeistert.

»Endlich frei! Frei! Frei!« jubelte er und rannte, so schnell ihn die Füße trugen, in sein Dorf. »I' m free, I' m free!«

Schnell machte im ganzen Land die Kunde die Runde, daß der Happy Hans sieben Jahre ausgestiegen war, um zu verstehen, was das Glück ganz generell und global ist und überhaupt – und wie man es findet.

Bald pilgerten Menschen von nah und fern in das kleine Dorf, um den Happy Hans im runtergekommenen Schuppen hinter dem Haus seiner Mutter aufzusuchen und an seinen Selbsterkenntnis-Seminaren teilzunehmen.

»Übt verzichten«, rief der Happy Hans stets. »Gebt mir euren Besitz – und ihr seid entlastet! Werft die Steine von euch, die euch bedrücken. Knetet Ton. Macht kaputt, was euch kaputtmacht.«

Und so taten sie, wie ihnen geheißen.

Da sah der Hans, daß der Scherenschleifer wohl recht geraten hatte, und lobte das Eisen, den Stahl und alles, was man tüchtig schleifen konnte.

Seine Jünger aber, die bald seine Arbeiten auf dem Feld für ihn erledigten, priesen ihn als den Eisen-

Hans im Glück. Und sie schmissen in die Flüsse, in die Bäche, in die Brunnen, was sie sonst noch bedrückte.

Nur ab und zu fragte der Happy Hans sich noch, wozu er all die Jahre malocht hatte.

Kurzfassung für Freunde des Infotainment:

Ein fleißiger junger Mann erfährt abschreckend die unkorrektesten wirtschaftlichen Umgangsformen von ganz furchtbar materiell orientierten Menschen, denen sein Gold als Lohn für jahrelange Schufterei unglaublicherweise mehr wert ist als ihr gutes Gewissen – aber er macht den besseren Tausch, einen nach dem anderen. Denn er findet am Schluß den gerechten und reichlichen Lohn in energy-geladener Enthaltsamkeit.

3.

Hänsel und Gräte

Wie arme Geschwister der Reichtum ihrer Eltern wurden

Am Waldesrand, dort wo die Wohlhabenden dem Stadtlärm zu entkommen suchen, wohnte eine Familie, die gar nicht wohlhabend war. Denn der Mann und die Frau hatten sich bis über beide Ohren verschuldet: für den Häuslebau-Kredit, für das Auto mit Airbag, für die Mikrowelle, die HiFi-Anlage und manches mehr.

Die beiden Kinder aber wurden tagsüber in die Kindertagesstätte gesteckt, damit die Eltern Geld verdienen konnten für all diese Dinge, die sie während der Arbeitszeit ohnehin nicht benutzen konnten. Abends waren sie dann zu müde dazu.

Wenn die Kinder, die Gretel und der Hans, abends erzählten, daß sie lieber daheim bleiben wollten, weil in der KiTa der Hans gehänselt wurde, hörten die Eltern nicht zu. Dabei sollte man Kindern immer zuhören, auch wenn sie Scheiße reden. Denn: Kinder geben Erwachsenen so unwahrscheinlich viel.

Hans jedenfalls, den sie in der KiTa nur noch »Hänsel« nannten, wurde deshalb traurig und immer trauriger. So traurig, daß er alles, aber auch alles in sich hineinfraß: das Hänseln sowieso, aber er war auch nicht abgeneigt gegenüber jedweder Speise aus der Mikrowelle. Dick und dicker wurde er und trauriger und noch trauriger.

Die Eltern aber zahlten nur noch ab und merkten nichts.

Das bekümmerte wiederum die Gretel. Es kotzte sie alles, aber auch alles an. Es kotzte sie derart an, daß sie nur noch abkotzte. Dünn und dünner wurde sie und trauriger und noch trauriger. Bald war sie so dünn, daß die Gretel in der KiTa nur noch »die Gräte« genannt wurde.

Die Eltern aber zahlten nur noch. Sie hatten nix davon und merkten nix. So wurde Hans immer noch dicker und Gretel immer noch dünner.

Eines Tages aber reichte das Verdiente nicht mehr aus, auch noch die inzwischen dazugekauften Sachen abzubezahlen.

Da sprach die praktisch veranlagte Mutter: »Wir schicken die Gören einfach nicht mehr in die KiTa. Das kostet zuviel, die können ruhig zuhaus bleiben — wozu zahlen wir denn an der Hütte!«

So ward getan. Gräte und der Hänsel, der in der KiTa zuletzt nur noch »Mr. Big« gerufen wurde, blieben allein zuhaus — verlassen von den armen Eltern.

Und bald gab es immer weniger Gretel und immer mehr Hans. Das fiel sogar den Eltern auf.

»Der Hans platzt aus allen Nähten, und wir müssen uns den Zweitwagen vom Mund absparen. Das Kind frißt uns noch die Schindeln vom nicht abgezahlten Dach«, sprach der Vater.

»Und Gretel kotzt alles aus, was teuer gekauft ist — so geht das nicht weiter«, sagte die Mutter.

Sie waren sich einig: Auch wenn der Kinderfreibetrag wegfiele — die beiden mußten weg.

So täuschten die vom blanken Konsum und nicht von ihren wunderbaren Kindern völlig berauschten Eltern am Wochenende ein Picknick tief im dunklen Wald vor.

Während Gretel hinterm Baum abkotzte und Hans sich mampfend über die Wolldecke hermachte (er schätzte Lamm sehr), schlichen sich die Eltern ganz heimlich heim.

Es wurde Nacht. Hans hatte sich bereits über die eßbaren Öko-Pappteller hergemacht. Gretel kniete am Teich und fütterte die Fische.

Die Eltern gaben derweil eine Pressekonferenz in ihrem wohlausgestatteten Haus am wohlhabenden Stadtrand. Sie weinten herzerweichend über die mutmaßliche Entführung ihrer Kinder sowie die Erhöhung der Zins- und Lombardsätze und baten um sachdienliche Hinweise nebst Spenden.

Des Morgens irrten Hans und Gretel immer noch im Wald umher, grasten und kotzten hier und da.

Plötzlich stießen sie auf ein merkwürdiges Haus: Das hatte Schindeln aus Lebkuchen, Fenster aus goldigem, wohlduftendem Rapshonig und Wände aus Sonnenblumenbrot.

Hans stürmte darauf zu und verbiß sich in einigen Schindeln. Gretel lutschte lustlos an den Fenstern.

Da kam eine aufgebrachte Frau aus dem Haus gestürmt und fluchte furchterregend.

Die Kinder erschraken, denn die Frau fluchte und fluchte, daß Hans speiübel wurde und Gretel hungrig. So wurden die drei Freunde.

Die Frau erzählte, daß sie weise sei. Unheimlich weise. Wie überhaupt alle Frauen, die das aber meistens selbst nicht wüßten, weil sie sich nur um die

Plättwäsche kümmerten. Deshalb hätten alle Männer, die überhaupt so gar nicht weise seien, aber dafür immer in geplätteten Hemden herumlaufen müßten, sie für eine »Hexe« gehalten. Da sei sie in den tiefen Wald gezogen, um nicht mehr bei Leuten sein zu müssen, die einen Hans als »Hänsel« hänselten und ein Gretel als »Gräte« riefen und eine emanzipierte Frau als »Hexe« schmähten.

»Schön und gut, alte Tante«, sagte Gretel, »aber warum ist dein Haus aus Lebkuchen, Rapshonig und Sonnenblumenbrot, wenn du keinen an der Waffel hast, sondern vielmehr weise bist und keine Hexe? Das kommt mir doch ein bißchen komisch vor.«

»Nie was von eßbarem Pappgeschirr gehört – so ist mein Haus, voll biologisch und voll abbaubar.« Hans rülpste begeistert.

Nun gab es für ihn nur noch ein Problem. »Ich hab' gehört, daß Hexen, ähh, weise Frauen in solchen Häusern, junge Knaben auffressen«, stammelte Hans.

»Will ich mir den Cholesterinspiegel an dir ruinieren?« fragte die Weise. »Nein, nein, du mußt tüchtig abspecken, und wir weisen Frauen haben dafür die richtigen Rezepte. Deshalb werden wir von allen dicken Männern für Hexen gehalten.«

Es gab aber noch ein Problem. »Ich hab' gehört, daß Hexen, ähh, weise Frauen, die einen jungen Knaben mästen, ähh, abspecken wollen, auch dessen Schwester, ähh, mal so in die Backröhre zu stoßen versuchen – wie issen das bei dir, ey?« fragte Gretel.

Vom Kannibalismus wollte die weise Frau nichts wissen – wie sie überhaupt und sowieso *jeglichem* fleischlichen Genuß aus ethischen und moralischen Gründen abgeneigt war: »Ganz anders natürlich isses bei dir, mein Gretel. Dich werd' ich wieder in Form bringen mit Müsli und leckerem Gemüseauflauf – *dafür* ist die Backröhre ja da!«

»Ach so«, sagten da die beiden eßgestörten Geschwister. »Ach so! Muß einem ja gesagt werden.«

So ward getan. Die beiden Kinder spielten fröhlich im Wald, statt in der KiTa gequält zu werden. Und die weise Frau bereitete tagein, tagaus leckerlecker Vollwertkost für Gretel und pampsige Schonkost für Hans, der bald die Pfunde abwarf wie die Schwermut.

Das Gretel aber mußte sich zu den Mahlzeiten immer ins Ställchen hinterm Haus begeben, damit der Knabe bei ihrem lustvollen Gemampfe nicht in Versuchung geführt würde. Hernach mußte sie den großen Finger durch die Gitter stecken, damit die Frau prüfen konnte, ob er noch paßte.

Eines Tages gelang es der Gretel nicht mehr – so wohlgenährt war sie. Da sprach die alte weise Frau seelenfroh und enthusiasmiert zum Hans: »Öffne das Ställchen!«

Der schlanke Hans tat, wie ihm geheißen.

Da wurde die Frau blaß und sank danieder. Am Boden stöhnte sie, mit dem Herzen ringend: »Mein Gott, *das* war es also, was die Kerle von mir wollten!? Ach so.« Sie starrte auf die geöffnete Hose bis zum letzten Atemzug.

»Erwachsene sind komisch«, sagte Hans, machte sein Ställchen wieder zu und holte seine wohlig rundliche Schwester aus dem Verschlag hinter dem Haus. »Verstehst du die Erwachsenen? Sie sterben immer gerade, wenn das Leben, für das sie ewig geschuftet haben, lustig wird.«

Die folgenden Tage fraßen Hans und Gretel das

Haus aus Entsorgungsgründen und aus Gier auf und packten sich noch einige Schindeln und Mauerecken für den Weg ein. Dann kehrten sie nach kurzer Wanderschaft nach Hause zurück.

Die Eltern saßen im Garten und ließen es sich wohl gehen. Sie erkannten die beiden jungen Wandersleut erst gar nicht.

»Wir sind es: euer Fleisch und Blut!« sagte der schlanke Hans. »Wir Kinder geben euch Erwachsenen so unheimlich viel, wir sind euer wahrer Reichtum.«

»Ach ja, ach so, aber nun haben wir eigentlich schon alles«, sagte der Vater.

Und zu seiner Frau flüsterte er: »Naja. Der Kleine redet zwar geschwollen, aber es könnte der dusselige Hans sein. Ihm tropft noch Honig aus dem Mund.«

Gretel drückte die Mutter ans Herz und erzählte, wie weise und liebevoll alle Frauen doch seien. Das wunderte die Mutter gar nicht.

Sie und der Vater hatten einen weisen Plan gemacht: Das gespendete Lösegeld für die angeblich entführten Kinder hatte für die Schulden gereicht und noch ein paar Anschaffungen. Sogar ein paar Mark auf der hohen Kante waren geblieben. Und so genossen sie fortan die wohlverdiente 35-Stunden-Woche.

Die Kinder durften daheim bleiben, es gab ohnehin keine Kindergartenplätze mehr. Und so lebten sie glücklich bis ans Ende der Ersparnisse.

Kurzfassung für Freunde des Infotainment:

Die fast ein wenig traurig endende Geschichte einer wegen ihrer femininen Fähigkeiten als »Hexe« verkannten und in den Wald ausgestoßenen Frau, die einem obdachsuchenden Geschwisterpärchen, das leider in der KiTa gehässig erzogen wurde, wieder auf die Beine hilft.

4.

Rumpeltuntchen

Wie Girlie, Graf und Geld das Leben eines suchenden Mannes schlagartig veränderten

Um die Ecke wohnte ein Müller. Der fühlte sich vom Leben angemeiert. Deshalb wollte er hoch und höher hinaus.

So sprach er bei einem vor, der diese Sorge nicht hatte: »Herr Graf, ich hab' da ein gar schönes, junges Töchterlein. Bißchen große Nase, naja, aber durchaus dümmlichen Gemüts, wie wir Männer es schätzen. Meine Kleine spinnt allerdings ein wenig mehr: Führt sich auf wie'n Königskind! Will nix lernen oder arbeiten, sondern späterhin Gräfin werden, pah! Eigentlich spinnt sie so sehr, daß sie Euch glatt ihr Stroh im Kopf zu Gold spinnen könnte – wenn Sie wissen, was ich meine.«

Das wußte der Graf nicht.

Aber Stroh zu Gold spinnen? Das gefiel ihm. Und so willigte er begeistert ein. Faltenröckchen und Babyspeck bei jungen Frauen gefielen ihm ohnehin, soweit er sich erinnern konnte.

Und so ward das zarte Töchterlein mit ihrer niedlich steil aufstehenden Igelfrisur, der rostigen Nadel durch die Nase und den Springerstiefeln noch abends hastenichgesehn zu ihm gebracht.

Aber die kleine Müllerin war gar nicht so auf den Kopf gefallen, wie sie aussah: Das Girlie hatte ein gar grobes Mundwerk, zickte den grabschenden Grafen

tüchtig an und kochte ihm zum Beruhigen Spaghetti mit feister Fertigsoße, bis er einerseits den Italiener in sich spürte, andererseits aber pappsatt flachlag.

Dann duschte und duschte sie, bis der derweil wartende, noch kugelrunde Graf erst recht bleiern müde wurde und sie mit letzter Kraft in eine Kammer sperrte, als sie noch zu einem Rave wollte: »Dahinten ist Stroh im Kissen! Spinn' das mal rasch bis morgen zu Gold. Sonst kriegt dein Oller Ärger mit der Presse und der Müller- und Müllerinnen-Innung.«

Das Girl trat noch mit ihren Springerstiefeln ein paar Mal gegen die verschlossene Tür – aber nichts ging ab oder auf.

Da fing es bitterlich an zu weinen, daß der ganze orangene Lidstrich fortgespült wurde: Wie sollte es denn bloß Stroh zu Gold spinnen? Es wußte, mit welchem Bleichmittel es seine goldenen Haare zu Stroh machen konnte – aber das!

Plötzlich ging die Tür wie von Zauberhand auf. Ein frohgelaunter Mann trat ein: »Na, Großnase, wo läuft' s denn so?«

Sie solle doch bloß nicht weinen und lieber mal duschen.

Da erzählte das Girl, daß es dem alten Graf versprochen sei, aber zuvor noch Stroh zu Gold spinnen solle.

Der eingedrungene Mann grinste fies und lehnte sich zurück: »Okay, Schätzchen, was krieg' ich, wenn ich' s dir mache?«

Das Girl zögerte nicht lang: »Einen Tritt in die Eier – wie wär' das?«

Der Mann lachte schäbig: »Klingt gut. Andererseits sollte es dir mehr wert sein.«

»Müllerstöchter haben nicht viel zu bieten, Schlaukopf! Wie wär' s, wenn du von meinem Tellerchen essen darfst und aus meinem Becherchen trinken, sobald ich den ollen Graf geehelicht habe?«

»Klingt auch nicht schlecht«, sagte der Mann höflich, der eigentlich überhaupt nichts auf Grafen, Geld und Girlies gab.

»Aber wie wär' s mit deinen Klamotten? Ich hab' so einen unsäglichen Schneider.«

Da ahnte das arme Kind, daß es einen etwas anderen Mann vor sich hatte, als er ihn nach außen hin so cool verkörperte.

Schlaffnudel, sadomasochistische, dachte es. »Aber irgendwie ist er ja auch süß.« Es packte ein beinah mütterliches Mitleid über einen so lebenslustigen Burschen, der es vorzog, in Frauenkleidern herumzulaufen, obwohl er doch Gold wie Heu haben konnte. Noch dazu in billiger Girlie-Kluft, zerfetzten Jeans, dem ollen Patronengürtel, der abgewetzten Lederweste und dem übergroßen schwarzen Body.

Es willigte also ein, um dem Ärmsten später möglicherweise modisch und mental beistehen zu können. Vielleicht könnte es den verirrten Softie auch noch zu vernünftigen Lüsten bringen? Beispielsweise tagelang – ohne zu essen und zu schlafen – sich im Trance-Dance zu schütteln, bis die gefärbten Haare ausfielen.

Über diese anstrengenden Gedanken, wie der sanfte Spinner wohl zu einem richtigen Mann zu verwandeln sei, schlief das Girlie erschöpft ein.

Der unmodische Mann stürzte sich indessen auf das Stroh und spann es geschwind zu flotten Spulen, die schimmerten wie Gold.

Nicht umsonst hatte er jahrelang der Mutter Natur

auf die Finger geschaut, hatte aus Kompost Humus gemacht, aus Scheiße Dünger, aus Schädlingen Nützlinge, aus Kraut Rüben und aus Mann Weib.

Dies war nun sein kleines Meisterstück: Aus Stroh Gold spinnen. Das machte ihm so schnell keiner nach, obwohl er eigentlich auch bloß einen Jongleur-, einen Tarot-, einen Töpfer- und nur einen gewöhnlichen esoterischen Hexer-Workshop besucht hatte, bei dem so mancher Mann ganz bezaubernd zu sein gelernt hatte.

Als der Graf am Morgen die Kammer betrat, lag die Müllerstochter allein auf Strohresten — um sich tüchtiges Schnarchen und einige Goldspulen. »Nicht übel«, sprach der Graf. »Gar nicht übel.«

Und der Alte wollte wieder fummeln, aber sie ließ ihn lediglich einige rasch zubereitete Näpfe Nudeln futtern. Danach duschte und duschte und duschte sie.

Als sie nach solch anstrengendem Tagewerk wieder müde wurde, sperrte der Graf das Girlie diesmal in eine größere Kammer. In der lag Heu wie in einem Eselsstall. Es ist eben heutzutage nicht immer leicht für einen Grafen, ein Schloß bis in den letzten Winkel herrschaftlich zu halten, wenn ihn der verdammte Fiskus verfolgt wie die Motten. Da reichten die paar Spulen Gold nicht — bei den fallenden Weltmarktpreisen sowieso! Und selbst der Liebreiz eines jungen Dinges verblaßte über der Erotik des Geldes.

Wieder sollte sie nächtens das Heu zu Gold spinnen. Wieder weinte das handarbeitlich unbewanderte Kind. Mit Recht: Warum sollten immer nur junge Mädchen spinnen können — es gab doch auch so viele Jungen, die total spinnten? Warum immer auf die Mädels?

Und was waren das überhaupt nur für Männer heutzutage? Den einen interessierte kein Gold – den anderen nur! Der eine spann die ganze Nacht Stroh – der andere schnarchte nudelpapp. Und keiner ging mit ihr zum Rave.

Als der alte Graf längst zu Bett gegangen war, öffnete sich plötzlich die Tür zur Kammer, und der geheimnisvolle Mann kam selbstbewußt, wie er es in Eisenhans-Seminaren gelernt hatte, herein: »Her mit den Klamotten!«

Das Girl tat, was gute Girls sonst nicht ohne weiteres tun: Es tat ausnahmsweise, wie ihm befohlen ward – und zog sich aus, in der Hoffnung, diesem sanften, handwerksbegabten Mann mal eine wilde Frau zur Änderung seiner Einstellung zu zeigen.

Es machte so gar keinen Eindruck auf ihn.

»Und was soll ich jetzt bloß tun?« nölte sie, während sich der merkwürdige Strohumwandler genüßlich umzog. »Ich soll schon wieder Stroh zu Gold machen! Na, okay, mein Vater macht auch Kohle aus Heu, Spreu oder ich weiz nich' was. Ich finde es aber ein wenig viel verlangt, daß Kinder heutzutage Moos für beschimmelte Männer machen müssen.«

»Du redest ein wenig viel Stuß«, sagte der fremde Mann in ihren Kleidern, stimmte aber »mal so ganz grundsätzlich« und »ein Stück weit« zu.

Dann lachte er leise, als er sie so nackt vor sich zittern sah: »Schlecht gelaufen, wie? Was willst du mir denn jetzt geben, wenn ich dir nochmal helfe?«

»Das ist nicht nett«, maulte das Girlie. »So benimmt sich kein anständiger Mann – ha, aber was kann man schon von einem erwarten, der in Frauenkl...« Das war ihr denn doch erstmal ein bißchen peinlich. »Naja, schön, tschuldigung, man soll sich andererseits auch nicht vorurteilsbeladen zu ein wenig besonderen sexuellen Vorlieben äußern . . .«

Die Kleine band sich Zöpfchen, druckste, überlegte und versprach sich ihm, in der Hoffnung, daß er sowieso ablehnen würde.

»Naja, wenn's gar nichts Besseres gibt«, stöhnte der Mann.

Am Morgen fand der Graf das nackte Mädchen friedlich schlafend, inmitten von Goldspindeln, vor und war von oben bis unten total gerührt.

»Viel was anderes als Nudelpapp kochen kann sie zwar nicht. Sie duscht auch mehr, als es ökologisch verantwortbar ist. Aber ich heirate sie wohl doch. Immerhin hat sie eine Nase für's Goldgeschäft — eine ziemlich große sogar.«

So geschah es. Alles Heu wurde aus den Kammern gekehrt. Es wurden reichlich Nudeln gekocht und eine Hochzeitsgesellschaft gegeben.

Es war ein rauschendes Fest, fast ein Rave. Jedenfalls war die Atmosphäre im kahlen Schloß katakombengleich.

Und als die Party zu Ende ging und die junge Braut den Gatten ins Bett locken wollte, stellte sich der Graf diesmal lange unter die Dusche und duschte und duschte — mehr, als ökologisch verantwortlich war.

Seine junge Frau war bratzfroh, nicht länger spinnen zu müssen. Nackt lag sie auf der weichen Seide des Betts und hatte den aufdringlichen Mann in ihren Kleidern schon völlig vergessen, als die Schlafzimmertür aufging.

»Der Preis ist heiß«, schrie der Typ im Tankgirl-Look geil und wollte sich eben auf sie stürzen, um seinen Lohn zu holen, als sie ihm trotzig Einhalt gebot: »Oh, wieder der Prinz Charmebolzen! Du willst doch kein anonymer Vergewaltiger sein! Vorstellen solltest du dich schon!«

Der Mann in den Frauenkleidern grübelte. Das kam ihm irgendwie komisch vor: Erst wollte die Frau nicht mal wissen, wie man aus Stroh Gold macht — dann grinste sie diskriminierend über einen Mann in Frauenkleidern. Und jetzt wollte sie seinen Namen wissen?

Nein, *den* wollte er ihr nicht sagen.

Nachher hieße es noch, der Kaspar, der Melchior oder der Balthasar hätte sie vergewaltigt, den kennte sie genau beim Namen. Nein, nein, seinen Namen würde er nicht verraten.

Also riet sie drauflos: »Rippenbiest vielleicht? Oder Hammelswade? Oder Schnürbein?«

Sie war sehr phantasievoll, was Namen anging, lag aber immer schwer daneben.

Schließlich kam der Graf schwankend aus dem Bad und polternd die Treppe herauf. Der Mann in Frauenkleidern huschte gerade noch aus der Tür und zischelte im Fortrennen, daß er sich morgen seinen verdienten, versprochenen Preis holen komme, wenn sie dann seinen Namen immer noch nicht wisse.

Das kam ihr nun wiederum komisch vor: Erst wollte der Depp Frauenkleider und nicht sie. Dann wollte er sie ganz und gar — aber davor nicht mal seinen Namen nennen. Und zu guter Letzt sollte sie seinen Namen doch raten, damit sie bloß nicht mit ihm schlafen bräuchte? »Der Typ kann sich von mir aus ein zweites Arschloch grinsen — mit mir nicht!«

So schlief die junge Ehefrau ganz spontan und beruhigt ein, bevor der frottierte Gatte ins Bett schlüpfte — und sie schnarchte laut, bis der Alte genervt aufstand und sich in der Küche Nudelreste aufwärmte.

In der nächsten Nacht, als diesmal der Graf bereits ohrenbetäubend nudelwohl schnarchte, ging die Schlafzimmertür plötzlich auf, und der unbekannte Mann stand breitbeinig vor seinem Opfer.

Die energiegeladene Ehefrau lüpfte die Bettdecke kaum und rätselte neckisch: »Sag', heißt du wohl Kunz? Oder Hinz? Oder Karl Lagerfeld? Oder Stinkefinger?«

»Nein, nein, nein, das sind ja furchtbare Namen, nein«, seufzte der Mann. Er kaute verzweifelt auf den Fingernägeln.

»Dann heißt du doch wohl nicht Rumpelstilzchen?«

Der Mann erschrak: »Was, wie, wer?«

Da trat ihm die nackte Schöne, auch ohne Springerstiefel, in die Familienplanung.

Der Mann schrie, auch vor Wut: »Warum sollte ich denn wohl Rumpelstilzchen heißen? Blöder Name, der!«

Aber das undankbare Girlie knallte ihm noch eine: »Wegen mir auch Rumpeltuntchen.«

Der unverstandene Mann stampfte mit dem rechten Fuß vor Zorn über diese Diskriminierung so auf, daß der im Boden versank, als sei es Kompost.

Da bekam er noch einen Tritt in den Hintern, daß er aus dem Zimmer flog.

»Von mir aus auch Humpeltuntchen«, rief das Girlie hinterher.

Der Mann war trotz aller Eisenhans-Kurse gar nicht mehr gut drauf und trollte sich eingeschnappt: »Der spinn' ich nie wieder Gold!«

Plötzlich schreckte der Graf aus seinem Schlaf

hoch: »Schatz, war da nicht was? Ach, ich hab' so furchtbar geträumt: von Kerlen in Frauenkleidern und jungen Frauen in Kerlsklamotten.«

»Du spinnst. Schlaf' gut, Liebster!«

Die kleine Müllerin aber schlich davon zum Rave, und wenn sie nicht noch immer tanzt, so wird sie erst zum Chill-out wieder gesehen.

Kurzfassung für Freunde des Infotainment:

Eine junge Frau wird unglaublicherweise von ihrem größenwahnsinnig veranlagten Vater indirekt zur Kinderarbeit gezwungen, indem sie Stroh zu Gold spinnen soll, was eine ausgesprochen staubige und entwürdigende Tätigkeit ist.

Ein junger Mann, der Frauenkleider liebt, verspricht ihr zu helfen, doch dann bedrängt er sie mental in unzumutbarer Weise. Da schlägt das Girlie zu.

5.

Schneewittchen und die sieben vertikal Herausgeforderten

Wie Schönheitswahn, Kleinwüchsigen-Diskriminierung und ganz und gar unkorrekte Redeweisen zu weiteren, letztlich unüberschaubaren Verstrickungen führen können

Neulich, in der relativ kälteren Jahreszeit, als der Smog sich mal wieder an seinem Grenzwert stieß, da saß eine Königin am Fenster und nähte, und das, obwohl Frauen eigentlich keiner Arbeit wie Nähen nachgehen sollten.

Andererseits ist es natürlich schon recht emanzipiert, wenn eine Königin näht, statt sich mit ihrem Hofstaat dem verschwenderischen Müßiggang hinzugeben und nicht dem nichtsnutzigen Schönsein für den Herrn König.

Jedenfalls saß die Frau Königin am Fenster aus schwarzem Ebenholz (nicht aus Tropenholz!). Da stach sie sich in den Finger.

Das Blut tropfte von dieser umweltbewußten, emanzipierten, von Ökogiften und miesen höfischen statt höflichen Arbeitskollegen in ihrem Immunsystem geschwächten Frau – die übrigens wahrscheinlich auch deshalb selber nähte, um sich so gegen die altertümlichen, ausbeuterischen Methoden der Textilindustrie in den Billiglohnländern zu wenden, wo sich die geplagten Menschen nicht einmal eine Königin leisten können und das Tropenholz für ihre Fensterrahmen auch noch weggeplündert wird.

Also sprach diese starke Frau:

»Auf Schnee würde Blut schöner aussehen, als auf meinem baumwollenen, chemisch unbehandelten Kleid von hiesigen Schafen. Aber es gibt ja keinen Schnee mehr, weil es kein Dreiliterauto gibt. Und wenn ich ein Kind hätt', so sollte es so weiß wie Schnee sein, so rot wie Blut und so schwarz wie Ebenholz.«

Das war gut gesprochen, doch mißverständlich: Mit diesem schon rein geschmacklich bedenklichen schwarzweißroten Kinderwunsch sollte mitnichten der Genmanipulation am noch ungezeugten Leben das Wort geredet werden. Schon gar nicht sollte das Ungeborene noch vor jeglichem sexuellem Abenteuer von vornherein mit übergroßen Anforderungen an späteres außergewöhnlich attraktives Aussehen belastet sein.

Jedenfalls kam es genauso wie gewünscht.

Keiner wunderte sich, wieso.

Zumindest war der wunderliche Wunsch geschlechtlich gleichberechtigt geäußert, nämlich schlicht »ein Kind«.

Weshalb noch mehr Überraschungen als bloß die Erfüllung des Wunsches möglich waren – das Kind sah nämlich auch noch geschlechtlich gleichberechtigt aus.

So wurde »*das* Kind« lieber ganz neutral »Schneewittchen« genannt, »*das*» Schneewittchen. Denn warum sollte nicht auch ein Junge »Schneewittchen« heißen und schöne schwarze Haare, eine weiße Haut und rote Lippen haben, wie die korrekte Königin es gewünscht hatte?

Der König sah's ungläubig und sprach knatterig: »Ich hätte aber lieber ein Töchterlein gehabt!«

Da war das Kind aber schon »*das* Kind« – oder

wer oder was auch immer. Und alles war gut und gleichberechtigt.

Nur: Bei der Geburt starb die gute Frau! Gerade noch am zugigen Fenster gesessen — und schon tot. Es war wie in schlechten Märchen!

Der König aber heiratete über's Jahr. Als alter Macho, der reichlich Zacken in der Krone hatte, nahm er sich selbstverständlich eine »schöne« Frau — beziehungsweise, was man dafür hält.

Und diese Frau nähte *nicht*, sie saß auch *nicht* am Fenster, sie stand andauernd nur vorm Spiegel.

Und die Königin sprach zudem immer mit ihrem Spiegel — was dem König trotz aller Regierungstätigkeit hätte zu denken geben sollen. Sie sagte nämlich beispielsweise:

»Spieglein, Spieglein an der Wand, wer ist die Schönste im ganzen Land?«

Das hätte dem König aber reichlich zu denken geben sollen.

Denn als die Jahre so vergingen wie Ebenholz im sauren Regen, hatte er das Schneewittchen zu sich gerufen und weise wie folgt gesprochen: »Du bist nun alt und groß genug! So soll dein Name nicht länger verkleinert werden.«

Also hatte er im königlichen Amts- und Würdenblatt korrekt angeordnet,

»jenes jedem Wesen allgemein abträgliche »*-chen*« ist zu streichen«.

Fortan solle »das Kind«, das »das Schneewittchen« genannt wurde, nur noch mit »das Schneewitt« angeredet werden — obschon er gleichzeitig kundtat, daß ihm »ein Töchter« wohl doch lieber gewesen wäre.

Spätestens da hätte ihm auffallen müssen, daß man einen Spiegel, der glänzend seine Pflicht erfüllt, nicht herabsetzend als »Spieglein« anlabert. Vielleicht auch wegen dieser Diskriminierung log der Spiegel die Königin, die ihn so kleinmachte, an:

»Frau Königin, Ihr seid die Schönste im ganzen Land!«

Gut gelogen. Denn es ist ja wohl klar, daß die Königin sowieso *die* »Schönste« im ganzen Land war: Zumal sie ja die einzige Königin im ganzen Land war.

Andererseits war die ganze Frage ohnehin eine einzigartige Unkorrektheit:

Die Frage hätte doch genaugenommen heißen müssen:

»Spiegel, Spiegel, an der Wand, wer ist *der, die* oder *das* Schönste im ganzen Land?«

Als das Schneewitt so gewachsen war, daß es auch mal in den Spiegel an der Wand sehen konnte, sah die Königin reichlich alt aus. *Relativ* jedenfalls. Also antwortete der Spiegel tapfer:

»Frau Königin, Ihr seid die Schönste hier — aber das Schneewitt ist tausendmal schöner als Ihr.«

Zwar war in der Antwort auch wieder der Wurm: Niemand kann ja wohl »tausendmal *schöner*« als »*die* Schön*ste*« sein — ja nicht einmal »tausendmal schöner« als der, die oder das Schön*ere*.

Aber wer blöd fragt, kriegt falsche Antwort. Die Königin erschrak, war gelb und grün vor Neid, was farblich schlecht zu einer schwarzweißroten Tochter paßte, und haßte fortan das Schneewitt.

Und nachdem sie Tag und Nacht keine Ruhe fand, so daß der Hofstaat sich sogar schon sorgte, ob wohl zuviel Wohngifte im Schloß verbaut worden seien, rief sie den Jäger und sprach: »Bring' *das Kind* bloß hinaus in den Wald! Ich will's nicht mehr vor meinen Augen seh'n. Du sollst es töten und mir Lunge und Leber zum Wahrzeichen bringen.«

Der Jagdmann gehorchte. Obwohl im Forst bei all dem sauren Regen wahrlich genug anderes zu tun ist, als junge Frauen zu meucheln.

So streiften der arme gewissensgeplagte Angestellte und das Schneewitt durch den umhegten Wildpark mit, wie der Name schon sagt, nahem Wildparkplatz.

Und wie er gerade so den Hirschfänger gezogen hatte und das Herz des schwarzweißroten Kindes durchbohren wollte, sagte das Schneewitt noch: »Ach, lieber Jägermeister, laß' mir meine Leber; ich will in den wilden Wald laufen, nie saufen und sowieso nimmer heimkommen.«

Das war dem Förster scheißegal. Aber weil der durch seine angestammte Geschlechterrolle und das mörderische Berufsbild des Försters zu Gefühlen nicht mehr fähige Mann nicht recht wußte, was »das Kind« nun eigentlich war – ob Mann, ob Weib, ob Stadt, ob Land –, sprach der völlig Verwirrte: »So lauf denn hin, du armes, äh, Kind, oder was!«

Der Jäger aber ging zum Bio-Höker, um phosphatfreies Fleisch zu erwerben, und ließ den Koch die Innereien brutzeln und servierte sie. Das Jägerschnitzel war erfunden. Die Königin schmatzte und sabberte, wie die ganze Angelegenheit sowieso überaus unappetitlich war – nicht zuletzt wegen des Beigeschmacks der vermeintlichen Menschenfresserei.

Das Schneewitt jedenfalls rannte schnurstracks zu einem ungesicherten Gartenhäuschen am Rande des Wäldchens. Es stieg ein, weil es einen gedeckten Tisch sah, und mopste von jedem der darauf drapierten sieben winzigen Portionsteller mal hier ein Rübchen, mal da ein Selleriechen, mal dort ein Eclair.

Und weil es noch aus sieben kleinen Gläsern mal am Grand Cru, mal am Sancerre oder am Minervois nippte, legte es sich beduselt über drei der viel zu kurzen sieben Betten — woraus schon unschwer deutlich wird, daß es sich um kein hochwertiges, dem Vegetarismus nicht ganz abgewandtes Restaurant der Nouvelle Cuisine handelte, sondern eher um ein zweifelhaftes Etablissement, in dem die Freuden des Gaumens den Freuden der Bettstatt nahelagen.

Als es dunkel geworden war, kamen die sieben Bewohner des Häuschens heim: sieben vertikal herausgeforderte Männer, die früher mal diskriminierend »Zwerge« genannt wurden.

Ja, liebe Kinder, es war einmal eine Zeit, wo das Wort »Zwerge« übel ausgrenzend gemeint war.

Dabei ist das überhaupt völlig blöde, wenn man bedenkt, daß selbst relativ größere Personen, als »Zwerge« es sind, heutzutage in Restaurants Portionen vorgesetzt bekommen, als wären sie absolut viel kleinere Wesen, die sich durch Photovoltaik ernähren. Dann wird gelegentlich von »Zwergenportionen« geredet — was aber noch unkorrekter ist: weil für relativ kleinere Personen das ja durchaus die richtige Portionsgröße wäre.

Und so war es auch mit dem Häus*chen* und den Bett*chen*: Für relativ kleine Personen waren es ein ganz normales Haus und sieben ganz normale Betten – nur mit dem Schneewitt quer darauf sah es aus, als würde ein magenleidiger, schwarzmähniger Schimmel gleich über alle sieben Flokatis kotzen.

Die Männer murrten über die abgegraste Tafel: »Wer hat von meinem Teller*chen* gegessen?« und »Wer hat aus meinem Becher*chen* getrunken?«

Das war natürlich ein Ulk und ein Verstoß gegen das königliche Amtsblatt, das herabsetzende Verkleinerungen verbot.

Also besahen sie sich das lange Elend und sprachen: »Ei, du mein Gott! Ei, du mein Gott, was ist *das Kind* so schön!«

Jedenfalls legten sich die alten Männer erstmal zu dem jungen Ding, konnten aber nicht viel damit anfangen – wohl, weil sie zu lange nur unter ihresgleichen gelebt hatten.

Morgens dann erwachte das Schneewitt und erschrak scheußlich. Nicht etwa wegen der zudringlichen Kerle — sondern weil alles an ihnen so klein war! Das hätte man natürlich nicht gedacht vom Kind einer emanzipierten, umweltbewußten Mutter! Aber was will man erwarten, wenn der Vater dem Alleinerziehen nicht gewachsen und alsbald wieder verheiratet ist — noch dazu mit einer Frau, die mit Spiegeln spricht?

Es weckte die hungrigen und gierigen sieben, erzählte, daß es das Schneewitt sei, die Stiefmutter es umbringen und der Forstmann es vernaschen wollte, der Wein nicht übel wäre, aber die Betten unsäglich seien.

Da murrten die vertikal Herausgeforderten ein wenig und sprachen im Kanon: »Willst du unsern Haushalt versehen, kochen, Betten machen, waschen, nähen und stricken, und willst du alles ordentlich und reinlich halten, so kannst du bei uns bleiben, und es soll dir an nichts fehlen.«

Das Schneewitt faßte sich an den Kopf: »Moment mal, klingt das nicht irgendwie nach der traditionellen Rollenverteilung? Bei euch piept's wohl, ihr Gammelbärte! Seid ihr denn völlig bemoost?«

Da erschraken die sieben relativ kleinen Männer und erkannten, daß sie relativ großes Unrecht damit getan hatten, ein Wesen — auch wenn man nicht wußte, ob es eine Sie oder ein Er war — mit derlei chauvinistischen, wenn auch relativ kleineren Ansinnen zu behelligen.

»Na gut«, sagten die sieben, diesmal nicht im Kanon, sondern, um möglichen akustischen Mißverständnissen bei dieser Vortragsform vorzubeugen, taktweise. »Na gut, schön, schön, dann schmeißen wir eben den Haushalt! Und du gehst für uns in den schmutzigen, engen, stinkigen Stollen. Schweinearbeit! Aber was soll's! Der Rubel muß rollen.«

»Ihr baut Rubel ab?« wollte das Schneewitt da wissen und lachte hämisch: »Das bringt doch nix!«

Die relativ kleineren Männer winkten verächtlich ab: »Nee, ach was, natürlich bauen wir Uran ab. Den schmuggeln wir am Zoll lässig unter der Schranke durch und geben uns danach bei unserem Aussehen problemlos als Russen-Mafia aus und kriegen vom König und sonstwelchen Deppen Rubel, Dollars, das halbe Königreich, eben alles, was wir wollen! Die Leute fallen ja so leicht auf ihre Vorurteile rein.«

»Okay, okay, das überzeugt, ihr schmuggelt also Uran. Auch wenn es menschenverachtend, korrupt und umweltfeindlich ist – aber vielleicht entlarvt ihr das System so. Und ich führ' hier derweil euren ökotrophologischen Kleinbetrieb.«

Bei dem Wörtchen »*Klein*betrieb« brach wilder Protest los, und die solchermaßen diskriminierten Kleineren hätten das Schneewitt fast verdroschen, wenn sie nicht Gewalt grundsätzlich und sowieso abgelehnt hätten, höchstens mal gegen Sachen.

»Schön, schön«, sagte das relativ schönere Schneewitt, »dann eben den Relativ-Kleineren-Betrieb. Aber eine anerkannte Doppelbelastung bleibt es trotzdem, das sag' ich euch! Stiefkind *und* Hausfrau, das ist hart.«

Da war alles gut und ziemlich gerecht. Und die sieben sagten noch, daß »es« sich ja in acht nehmen solle vor seiner Stiefmutter, sonst wär's bald aus mit der Doppelbelastung. Unterdessen bemühte die Königin wieder einmal den Spiegel:

»Spieglein, Spieglein an der Wand, wer ist die Schönste im ganzen Land?«

Manche lernen auch nie dazu. Fleischessen, zumal Innereien, macht eben nicht unbedingt klüger.

Der Spiegel fühlte sich allmählich belästigt und antwortete:

»Frau Königin, Ihr seid die Schönste hier, aber das Schneewitt über den Bergen bei den sieben Zwergen, äh, relativ Kleinwüchsigen, öhem, vertikal Herausgeforderten, ist noch tausendmal schöner als Ihr!«

Die Königin tobte — als fliegende Händlerin verkleidet — los, um dem unliebsamen Stiefkind nun eigenhändig das Gesicht zu zerkratzen.

Das Schneewitt erkannte die Königin gar nicht, sondern starrte nur auf all die bunten Waren des Bauchladens, weil es sich den weiten Weg in den Supermarkt ersparen wollte — was im Prinzip ja ökologisch auch verantwortlicher ist und das *Klein-*, äh, relativ kleinere Gewerbe unterstützt.

Die Königin aber würgte das Schneewitt plötzlich hinterhältig mit einem Jogging-Stirnband dermaßen, daß das blasse Kind ganz rot wurde und die roten Lippen ganz blaß. So kann es mit dem Einzelhandel nur bergab gehen!

Als die Uranschieber-Bande schließlich spät nachhaus kam, sah das schöne Schneewitt schon fast aus wie ein relativ gewesenes Schneewitt.

Aber die relativ Kleineren lösten das vermaledeite Jogging-Schweißband — und schon bald hagelte es Beschimpfungen, was doch die Kerle wieder an den Füßen für Dreck hereingeschleppt hätten, den die Hausfrau natürlich wieder wegputzen könne.

Derweil stand die Königin daheim im Königreich

völlig geschafft von der Tour, ungeduscht und unfrisiert vorm Spiegel und pustete:

»Spieglein, Spieglein an der Wand, wer ist die Schönste im ganzen Land?«

Der Spiegel war genervt und leierte:

»Frau Königin, Ihr seid die Schönste hier, aber das Schneewitt über den Bergen bei den sieben, äh, relativ äh na ihr wißt schon . . . ist relativ noch tausendmal schöner als Ihr!«

Die Königin verlor die ohnehin angeschlagene Fassung und tobte widerlich, wie es sich für vernunftgelenkte Menschen nun gar nicht gehört. Aber das war sie ja wohl auch nicht.

Jedenfalls zog sie sich zurück zum Tiefkühlschrank, entnahm allerlei ungesunde Fertiggerichte und kochte sie so lange in der Mikrowelle, bis ein stinkender Brei daraus wurde. Darin tauchte sie einen ansehnlichen Kamm ein – der dann natürlich hinüber war –, und machte sich wieder auf die Socken, um das Schneewitt damit zu vergiften.

Am Morgen, als die relative Russen-Mafia längst abgetaucht war, um sich, wie sie sich recht diskriminierend äußerten, mit irgendwelchen »Geheimdienstfuzzis« zu treffen (die tatsächlich bloß relative kleinere Armleuchter aus der relativ tieferen Provinz waren), klopfte die Königin, als Zigeunerin verkleidet, an die Tür des Häuschens und bot den Kamm feil.

Das Schneewitt war zwar etwas mißtrauisch nach dem Erlebniskauf vom Vortag. Aber es wollte nicht diskriminierend gegenüber einer Minderheit von Fahrensleuten wirken, die oft noch fälschlich und fies »Zigeuner« genannt wurden.

So prüfte es den stinkenden Kamm sorgsam von allen Seiten und wollte sich nichts anmerken lassen, um nicht Vorurteile aufzuwärmen: »Eigentlich wollte ich mir gerade Dreadlocks machen lassen aus Solidarität mit entfernten Ethnien, und so.«

Die Königin hatte dafür kein Verständnis. »Kein Rasta, basta«, brüllte sie aufgebracht. »Dir zieh' ich den Scheitel nach, Schnepfe!«

Sie haute dem armen Kind den Kamm auf die Fontanelle, daß es schepperte. Da wurde das Schneewitt wieder mal rot in Gesicht und bekam dazu blasse Lippen.

Und wieder fanden es die relativ Kleineren, die wieder Dreck in die Bude geschleppt hatten und wieder fix was zu hören kriegten, als das Schneewitt aus der Nahrungsmittelgift-Ohnmacht erwachte.

So ging das tagtäglich hin und her, und bald war der Spiegel schon ganz beschlagen von dem andauernden Angelaber. Und immer noch war keine intelligente Frage darunter. Immer nur die dusselige:

»Spieglein, Spieglein an der Wand, wer ist die Schönste im ganzen Land?«

Das konnte ja zu nichts führen.

Bis die Königin eines Tages darauf kam, zur letzten Waffe zu greifen. Nachdem Meucheln und Umweltgifte nichts gefrommt hatten, wollte es die böse Person schlußendlichpautz mit Gentechnik versuchen. Für diesen geradezu biblischen Sündenfall kreierte sie passend einen Apfel: die eine Hälfte rot, die andere weiß, was schon mal ziemlich unleckerbar aussah.

Das Schneewitt zierte sich erst, als die verkleidete Bauersfrau ihr fast die Tür eintrat. »Du willst auch wirklich keine Jogging-Schweißbremsen verhökern oder Kämme, die nicht aus dem Safte des brasilianischen Naturkautschuks gefertiget sind?« fragte es.

»Kind, red' nicht so geschwollen daher. Sieh! Das

ist der Biß der falschen Zähne«, sprach die Königin und schlug die weißen Zähne in die weiße Hälfte.

Da war das Schneewitt beruhigt. Anderseits nörgelte es: »Mir wär' n Schnitzel lieber.«

Die Königin bemühte sich, Haltung zu bewahren, und sprach mit geheuchelter Bauernschläue: »Seh' ich aus, als hätte ich das Zigeunerschnitzel erfunden?«

Das leuchtete ein. Und so mümmelte das Schneewitt die rote Hälfte in sich, fiel aber alsbald tot um. So ist das mit der Gentechnik: hübsch anzusehen, aber unverdaulich.

Zu Hause mußte der Spiegel wieder 'ran, und diesmal kam die Antwort müde und wie immer unsachgerecht:

»Frau Königin, Ihr seid die Schönste im Land!«

Als die sieben vertikal herausgeforderten Männer nach Hause kamen, machten sie dem toten Schneewittchen feuchte Umschläge mit Grappa und legten Majoran-Croutons auf ihre Stirn. Das sah zwar possierlich aus, half aber auch nichts – obwohl es als Naturheilverfahren durchaus respektabel war gegenüber einer in solchen Fällen wahrscheinlich ebenso wirkungslosen Schulmedizin.

Sie ließen die Köpfe und alles mögliche hängen, schämten sich relativ wenig und trauerten erst mal drei Tage mit den verbliebenen Weinvorräten.

Dann ließen sie einen gläsernen Sarg fertigen. Geld hatten sie ja genug.

Den Sarg stellten sie vors Haus, aber es kam statt der erwarteten Touristenscharen bloß ein reichlich eingebildeter Prinz mit blondgefärbtem Haar und von der Sonnenbank ganz braun gegerbtem Gesicht. Dieter war sein Name.

Der sah das Schneewitt im Sarg und dachte: »Holla. Und ich dachte, ich wär' das oder der Schönste im Land!«

Jedenfalls wollte er den relativ kleineren Männern für einen relativ kleineren Betrag, den sein Bankdispo nicht mal hergab, den Sarg samt Inhalt abkaufen. Aber die setzten ein müdes Lächeln und dann Kaffee auf.

Dann zechten sie ein wenig, sprachen über die Weltmarktpreise für waffenfähiges Plutonium und taten, was Männer halt so tun, wenn sie sich noch nicht durch lauthalses therapeutisches Schreien im dunklen Wald als komplette Idioten diskreditiert haben, nämlich weitertrinken und schmutzige Lieder singen.

Schließlich trat der Königssohn voll Wut, daß er nicht haben könne, was er wollte, gegen den Sarg: »Ich muß das Ding aber haben — kein Spiegel ist besser als dies Glasding mit diesem irren Hologramm drin.«

Da aber klirrte es gefährlich. Der Sarg ruckelte, und das Schneewitt erbrach den kundenfeindlich nicht gekennzeichneten genmanipulierten Apfel, hustete ein wenig, wie es bei dem Smog heutzutage so üblich geworden ist, und stand auf — ein Rebirthing, wie es das ganze New Age noch nicht gesehen hatte, wow!

»Schlechten Traum gehabt«, sagte »es«. »Ich war in einer Gameshow, und so ein chauvinistischer Holländer fragte käsig: Welchen Zwerg hätten Se denn gern, Frollein? Wir machen damit Weitwurf. Relativ jedenfalls.«

Da sprach der Königssohn lallig: »Schneewitt, ich nehm' dich mit auf Schloß Bohlen, und wir machen mal gemeinsam so etwas schön Sauberes irgendwie — also auf keinen Fall Sex oder so.«

Und das Schneewitt sagte: »Von nun an will ich anders heißen — am liebsten Thomas.«

Und sie sangen scheußlich und süßlich, daß es die relativ kleineren Männer in die Stollen trieb. So finden sich die wahren Popstars, irgendwo zwischen Sarg und Stollen, aber immer hinter den sieben Bergen.

Die Königin stand unterdessen immer noch vor dem Spiegel und hatte noch immer nichts kapiert:

»Spieglein, Spieglein an der Wand, wer ist die Schönste im ganzen Land?«

Der Spiegel aber war es endlich leid und antwortete:

»Weiß' ich doch nich', wer, was oder wie der, die oder das Schönste ist – im ganzen oder im geteilten Land.«

Das saß. Die Königin hat nie wieder einen Spiegel angesprochen.

Sie fühlte sich plötzlich wohl mit ihren altersbedingten Hauterschlaffungen und baute das ganze Königreich zur Schönheitsfarm um. Da wurde sie bald nur noch die »Schönheitskönigin« gerufen, was immerhin ein recht schöner Lohn für all die Häßlichkeiten war, die sie begangen hatte.

Kurzfassung für Freunde des Infotainment:

Ein wegen seiner androgynen Tugend ab und an behelligtes, aber nicht sehr helles Kind, amtlicherseits aus Schutz vor diskriminierenden Verkleinerungsförmchen »das Schneewitt« statt »Schneewitt*chen*« genannt, emanzipiert sich vom Schönheitszwang ihrer Stiefmutter durch Wohngemeinschaft mit sieben Lebewesen relativ kleineren Wuchses hinter den sieben Bergen und wird von einem dummen Macho, der sich als »Königssohn« durchschlägt, vom Tode zum Leben gekotzt, ein Rebirthing vom Feinsten, was unweigerlich in einer Karriere als deutscher Popstar endet ...

6.

Freud & Froschkönig

Wie ein relativ grüner Junge einmal wichtige Fortschritte in der Psychologie herbeiführte

Neulich hatte ein König einige Töchter.

Wie viele Töchter genau, soll hier egal sein. Obwohl es selbstverständlich eigentlich nicht egal ist, weil ein vielköpfiger Haushalt natürlich ganz anderen Herausforderungen ausgesetzt ist als ein Ein-König-Haushalt.

Jedenfalls ist auch gar nicht überliefert, ob der König überhaupt eine Frau hatte. Auf die wäre dann na-

türlich die ganze Doppelbelastung als Königin *und* Frau gefallen.

Dem König war das mit der Doppelbelastung piepe. Er regierte so ein bißchen herum — Männer sind durch ihre Herrschaftsansprüche sowieso zu verroht, um überhaupt Doppelbelastungen zu bemerken. Ich sag mal: Ist vielleicht ein Stück weit auch nicht so wichtig für unsere Geschichte. Immerhin ist erfreulicherweise anzumerken, daß der Mann dann letztlich wohl irgendwie ein Stück weit alleinerziehend gewesen sein muß! Noch dazu mit lauter Töchtern!

Und wie es neulich so war: die Jüngste war *die Schönste im ganzen Land*.

Das Kind, das alle Welt als Schönheit pries, spielte allein — am liebsten ausgerechnet im dunklen Wald nahe dem Schloß mit einer goldenen Kugel.

Ihr merkwürdiges Spielzeug — dieser miese materielle, pädagogisch unverantwortliche Ersatz für gleichaltrige Spielkameraden — kullerte in einen Brunnen, wie er besonders häufig in dunklen Wäldern nahe Königsschlössern zu finden ist.

Das Kind also beugte sich hinab und wollte die geliebte Kugel herausfischen. Aber das Wasser war zu tief.

Da quakte sie ein Frosch von der Seite an: »Sei still und weine nicht. Was gibst du mir, wenn ich dein Spielwerk wieder heraufhole?«

Sie sah ihn entgeistert an: »Nicht weinen soll ich? Man weiß doch, wohin die Unterdrückung der Gefühle führt — zu seelischer Glitschigkeit. Weißt du das nicht?«

Glücklicherweise sind Frauen von Geburt her ganz anders als Frösche. Anders auch als männerherrschaftsverrohte Könige. Anders auch als eine Mischung aus beiden, nämlich männerherrschaftsverrohte grünglitschige Froschkönige: Frauen lassen ihre Gefühle zu. Alle. Immer. Selbst wenn ihnen bloß eine Kugel abhanden kommt.

Das Mädchen verschränkte trotzig die Arme und dachte nach, was der nasse Tropf auf ihre Weisheit wohl antworten würde.

Andererseits fragte es sich, wieso es eigentlich ein Frosch von der Seite ansprach? Wie ein böser Onkel, der sonst Lollis verteilt.

Und der große Märchenonkel, Sigmund, würde uns obendrein noch nörgelnd fragen: Erlebte dieses alleingelassene Kind in seiner seelischen Verstörung als allerschönste Schönheit den häßlichen Frosch vielleicht nur in ihrer schönen Phantasie als Frosch — und erkannte in dieser glitschigen Wahnvorstellung nicht ihre vielmehr ureigenste häßliche Seite?

Dem Frosch war das alles quak. Er stellte sich erstmal stur und antwortete gar nicht.

Das aufgelöste Kind antwortete schließlich achselzuckend auf die Frage, was denn der Lohn für den Gefallen sei: »Was du haben willst, lieber Frosch! Meine Kleider, meine Perlen und Edelsteine — wegen mir auch noch die goldene Krone, die ich trage.«

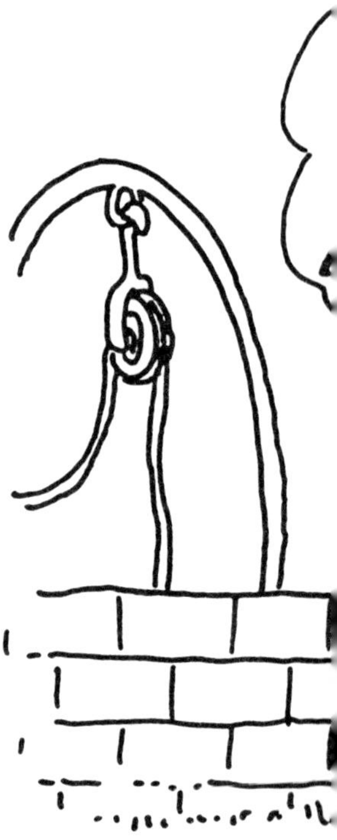

Der Frosch aber – oder was oder wer auch immer – gab vor, überhaupt nicht an den Kleidern, den Perlen, Edelsteinen oder der Krone interessiert zu sein: »Die mag ich nicht. Aber wenn du mich lieb haben willst, und ich soll dein Geselle und Spielkamerad sein, an deinem Tischlein neben dir sitzen, aus deinem Becherlein trinken, in deinem Bettlein schlafen, so will ich abtauchen und dir die Kugel raufholen.«

Das Mädchen dachte gut nach. Es kam ihr etwas komisch vor: »Liebhaben«??? Da stimmte doch was nicht!

Und das Mädchen dachte und dachte. Am Tischlein neben ihr sitzen? Aus ihrem Becherlein trinken? In ihrem Bettlein schlafen? »Du bist die sieben Zwerge!« stieß sie begeistert hervor.

»Entengrütze! Seh' ich aus wie sieben relativ kleinere Männer? Ich hab' doch grüne, leicht schuppige Haut, Gummibeine und ein Breitmaul«, unkte der Frosch.

»Na und? Die meisten Männer haben grüne, leicht schuppige Haut, Gummibeine und ein Breitmaul – nicht bloß die relativ kleineren.«

Für diese schlaue Beobachtung wollte sich das kluge Kind die goldene Kugel als Preis umsonst heraufholen lassen. Aber der Grünhäutige blieb stur.

Da willigte das Mädchen ergeben ein.

Der Frosch brachte ihr die Kugel vom Grund des Brunnens, null problemo.

Sie aber ließ ihn einfach im dunklen Wald zurück und trollte sich mit der goldenen Kugel vergnügter Dinge heim.

Abends, die Königs saßen gerade bei Tisch, da klopfte und blubberte es an der Tür.

»Geh! Öffne!« sprach der König. »Oder muß' ich hier aber auch alles selbst machen als alleinerziehender Vater?«

Die angeblich Schöne kam blaß zurück, als sei ihr die Befriedigungskugel schon wieder abhanden gekommen oder als wüßte sie, was in Wirklichkeit gespielt wurde.

»Was ist?« fragte der Vater, »steht da ein Riese vor der Tür?«

»Nein«, schluchzte die Tochter. »Ich glaub' ja eigentlich, es sind die sieben Zwerge. Aber der vor der Tür tut so, als ob er ein ganz normaler grüner Junge mit leicht schuppiger Haut, Gummibeinen und Breitmaul sei.«

Dem König war nicht wohl bei der Sache.

»Der Mann kommt mir nicht ins Haus!« rief der Monarch.

»Aber Pa«, schnatterten die ungezählten, ungenannten Schwestern. »Das klingt doch eher, als stünde ein Frosch vor der Tür — kein Mann!« Dazu waren sie schließlich die älteren Schwestern — *sie* kannten den kleinen Unterschied und seine großen Folgen!

Da kam der König ins Grübeln: Ein Frosch? Was sollte das? Schlimm genug, daß man für die Kerle auf Landstraßen bremsen mußte.

Und der König sprach nach kurzer Gedankenpause: »Wenn man bedenkt, daß heutzutage ein Kind selbst in gutbürgerlichen, sogar in Königshäusern nicht mehr vor Nachstellungen sicher ist, muß man sich doch langsam fragen, ob Frauen — gleich welchen Alters! — überhaupt noch der Umgang mit *Männern* zuzumuten ist. Drum will ich den Frosch mit Freuden einlassen.«

Der König ließ sich erklären, daß der Frosch am Brunnen von dem Mädchen verlangt hatte, von ihrem Teller zu essen, aus ihrem Becher zu trinken und in ihrem Bett zu schlafen — und war *gar nicht* schockiert. »Wer den Frosch nicht achtet, versündigt sich an der Natur«, sagte er drohend. Der König verlangte sogar, daß die Königstochter ihre »Versprechungen« unbedingt einhalten solle!

So ward der Frosch eingelassen und — plitsch, platsch — saß der glibbrige Kerl neben dem unschuldigen jungen Ding.

Seine Zunge schleuderte er anzüglich quer über den Tisch mitten in ihr Parfait. Dann schlabberte der Glitschling von ihrem Schampus und rülpste. Angewidert sah die Kleine dem wilden Treiben zu.

Als das arme Kind, der Ohnmacht nahe, sich in seine Gemächer zurückziehen wollte, schnauzte der König sie auch noch an: »Nimm' deinen grünen Freund mit! Ehe er noch unter die Räder kommt!«

Im Schlafzimmer kreisten die Glubschaugen des Frosches umher, während sich das Mädchen keusch im Mondenlicht auszog. Die Zunge hing ihm hechelnd zum Maul heraus, so daß das Mädchen fast darauf getreten wäre.

Rasch schlüpfte sie in ihr Bett und wollte eben ganz behende die Decke über den Kopf ziehen, als der grüne Gefährte, dumpf nach Schampus aufstoßend mit Schaumbläschen vor dem Mund, sich ihrem Bett näherte und Einlaß forderte: »Komm', Kind, sei kein Frosch!«

Da tat das Kind, was alle Kinder tun sollten.

Das Kind nämlich packte den Peiniger an den Schenkeln und schubste ihn mit Wucht gegen die Wand, daß es knallte. Der Frosch taumelte und strauchelte bös'.

Als der Knallfrosch aber so geplättet am Boden lag, war er, hoppla — ein schöner Prinz — was die Belästigung auch nicht ungeschehen oder gar gerechtfertigter machte.

Es war genau, wie wir, Freud und alle Schlauen es uns schon gedacht hatten: Der Frosch war gar kein Frosch! Er war statt dessen nur ein vorgestellter Frosch in der Phantasie des spielenden Kindes, das einen großen seelischen Konflikt durch ihr ödes Spiel mit der Kugel hatte verdrängen wollen.

Aber das wußte der Frosch wohl nicht. Ja, nicht einmal das arme Kind! Das war ja das ganze psychische Drama, diese unheilvolle Verstrickung der beiden seelisch offenbar Geschädigten!

Und doch stand das schockierte Mädchen ganz spontan aus ihrem Bettchen auf, wo doch eigentlich sofort eine zehnjährige Psychoanalyse angebracht gewesen wäre.

Sie stand auf, um dem jungen Mann spontan zu helfen, und war arg schockiert über sich selbst, weil sie sich so hatte täuschen lassen von den eigenen Vorurteilen: Ein Frosch mußte doch kein Frosch sein oder es bleiben. Einmal Frosch, immer Frosch — wer sagt denn das?

Schockiert, weil sie sich versündigt hatte, indem sie im anderen nicht ihn selbst, sondern nur — wie in einem Spiegel — die eigenen Ängste gesehen hatte,

die sie sich mit Grobheiten fernhielt: »Glitschling«, »Glubschaugen« und dergleichen – was für harte ungerechte Worte für ein Lebewesen wie du und ich (besonders wie du)!

Wie schandbar, als schönstes Kind im ganzen Land so abschätzig über einen grünen, glitschigen Jungen mit Krone zu denken.

Hatte ein Frosch nicht eine nur relativ grünere Haut? Eine Haut, um zu fühlen? Stach es ihn nicht, wenn wir ihn piekesten, lachte er nicht, wenn uns etwas in den Brunnen fiel, weinte er nicht, wenn er gegen die Wand geschleudert wurde?

Sind wir nicht alle irgendwo Frösche? Und sind nicht alle Frösche irgendwie gleich, zumindest gleich grün?

Da weinte das schöne Kind und wollte gar nicht wieder aufhören. »Schon gut, schon gut«, sprach der Prinz, »ist doch alles ganz normal, kein Grund, hier Psycho zu machen.«

Und die Prinzessin weinte weiter. »Was heißt normal? Ich hab' aus einem schützenswerten Frosch, für den sogar mein Vater bremsen würde, einen gewöhnlichen Prinzen gemacht, der bestimmt kein Halten kennt.«

Der Prinz war verstimmt. »Hör' mal, das war nicht lustig, ein Frosch zu sein. Na schön, vorher war's schlimmer — da war ich eine Dose.«

Da weinte das schöne Kind noch mehr und wollte gar nicht mehr aufhören. Auch nicht, als der Prinz ihr zur Ablenkung noch blödsinnigere Märchen erzählte: von einer Hexe, die ihn verwandelt und am Brunnen ausgesetzt habe — und nur das Mädchen ihn hätte erlösen können, und so weiter. Man kennt ja den ganzen Quatsch, der wiederum nur die Leistungen weiser Frauen diskreditieren soll, die als »Hexen« von tumben Männern verfolgt wurden!

Und der erlöste, ganz gelöste Prinz quakte: »Weine nur, gutes Kind, weine nur! Man weiß doch, wohin die Unterdrückung der Gefühle führt — zu seelischer Glitschigkeit. Glücklicherweise sind Frauen von vornherein anders: *sie* lassen Gefühle zu — selbst wenn ihnen bloß eine Kugel abhanden kommt. *So* hast du mich befreit! Nun laß uns endlich ins Bett gehen!«

Da packte das Mädchen den unverschämten Kerl bei den Schenkeln – ob nun Frosch oder Prinz, eingebildeter Frosch oder Froschkönig – und schubste ihn, wie sie es eben brav gelernt hatte, klatsch wieder gegen die Wand.

Was diesmal aus dem Prinzen wurde, der selbstverständlich gar kein Prinz war, sondern nur ein vorgestellter Prinz in der pubertären Phantasie des spielenden Kindes, das einen großen inneren Konflikt mit seiner Vorstellung über Frösche und peinliche Abendessen verdrängen möchte, ist eine ganz andere Geschichte ...

Kurzfassung für Freunde des Infotainment:

Ein relativ grünhäutiger, gleichwohl aber überaus liebenswerter Lebensabschnittsgefährte wird nicht artgerecht behandelt und wiederholt gegen eine Wand geworfen, bis er seiner Wunsch-Partnerin die Güte seiner Andersheit, allerdings nur zeitweise, verständlich machen kann.

7.

Eurotaler

Wie eine Karrierefrau eine neue Diät entwickelte

Wer glaubt schon das Märchen, daß Mädchen sich bloß nackt ausziehen müssen, und schon haben sie ausgesorgt?

Genau: jene alten Männer wie die Gebrüder G.

Sie erzählen kleinen unschuldigen Mädchen solche Märchen, die übrigens ähnlich auch in dem Märchenbuch für olle Machos, dem »Playboy«, stehen. Leider gibt es andererseits außer diesen bedauernswerten, sexuell irregeleiteten tattrigen Träumern auch noch einige junge, knackige Mädchen, die sich nackt ausziehen, um ausgesorgt zu haben. Die sind dann in dem Märchenbuch für olle Machos ganz märchenhaft abgebildet. Aber das ist wieder ein Kapitel für sich.

Das wahre Leben ist viel härter: Jedenfalls war da mal eine arme Waise, die konnte ihre überteuerte Miete nicht allein aufbringen.

Wovon auch? Das Spekulantentum in den Großstädten hat ja inzwischen kriminelle Ausmaße angenommen: Und Frauen, zumal Waisen, trifft es bei der Arbeitslosigkeit immer am ehesten. So war es auch hier.

Der Vermieter bedrängte sie — nicht wegen der säumigen Miete, sondern weil er immer solche zwanghaften Vorstellungen aus diesen ollen Märchenbüchern hatte.

Das alleinlebende Kind war drauf und dran, seinem speichelnden Werben und doppelbödigen Drohen zu erliegen, um den Mann von seinem Wahne zu erlösen.

Doch sprach sie zu sich: »Ich werd' mich doch nich' zum Gier-Objekt dieses armen Menschen machen, der schlechte, leicht verderbende Märchen gelesen hat. Wer bin ich denn?«

Das war eine gute Frage. Denn keiner wußte es. Dumme Sache. Ihre Eltern waren zu früh verstorben, als daß sie sich auf einen Namen hätten einigen können.

Sie hatten sich überhaupt nie einigen können – weil Mann und Frau eben nicht zusammenpassen.

Auch darüber, was zusammenpaßt und was nicht, hatten sie ihr Leben lang heftig gestritten.

Deshalb waren sie auch so früh verstorben, in einem kurzen fairen Kampf in einem dunklen Schlafzimmer.

Also vermietete das Mädchen ohne Namen ihr Zimmerchen an drei Schichtarbeiter mit flexiblen Arbeitszeiten unter. Die waren sowieso nie zu Hause. Wegen der Flexibilität mußten sie morgens und abends, Tag und Nacht, werk- wie feiertags ans Fließband eilen, um nicht als Blaumacher zu gelten.

So konnte das Mädchen auch ihr Bettchen noch untervermieten: an einige Ehefrauen, die vor der

wahnsinnigen Doppelbelastung in Ehe und Haushalt stundenweise in wahnsinnige Liebschaften flohen, weil ihre flexiblen Ehemänner mehr Zeit für ihr Fließband hatten als für sie.

Manchmal passierte es daher, daß ein Schichtarbeiter heimkam und einen anderen Schichtarbeiter in seinem Bette vorfand. Dann sagte der müde Mann: »Wer liegt in meinem Bettchen? Wer hat von meinem Tellerchen gegessen? Wer hat mein Dosenbier getrunken?« Der Aufgewachte aber antwortete: »Hau ab, Penner, das ist doch ein ganz anderes Märchen.«

Manchmal passierte es auch, daß sie einen fremden Mann mit einer fremden Frau in ihrem Bett vorfanden. Dann entschuldigten sie sich höflich, kratzten sich ungläubig am Kopf, bis die Haare ausfielen, und gingen lieber noch eine Runde arbeiten, bis sie sich wieder »normal« fühlen würden.

Das Mädchen aber saß in der Küche und zählte ihr Geld. Sie wollte immer noch mehr Geld verdienen, um mit dem vielen Geld dann der guten Sache dienen zu können: Sie wollte die Menschen, besonders die relativ männlicheren unter ihnen, aufklären, damit sie fortan ein sinn- und freudvolles Leben unter Gleichberechtigten führen könnten. Alle Menschen sollten Mieter werden! Und alle Schichtarbeiter sollten gleichzeitig arbeiten — dann gäb es die wie blöde wechselnden Schichten nicht mehr.

Also nahm sie all das trockene Brot, das sie in der kleinen Küche noch vorfand, und bot per Annoncen eine Diät an, die sich jeder Maier und jeder Müller leisten können sollte. Aber weil sie so ganz und gar natürlich gesund war, war sie natürlich auch teuer: Man brauchte nur tagelang auf dem trockenen Brot herumzumümmeln — und schon hatte man zwei, drei Kilo und fünf Blaue weniger drauf.

Das sprach sich rasch herum. Sogar Politiker stürmten fortan die kärgliche Küche und kamen dabei auch endlich in volksnahen Kontakt mit den Schichtarbeitern, die ratlos vor dem leeren Kühlschrank standen und sich am Kopf kratzten, bis die Nasenhaare ausfielen.

Einmal sagte ein Schichtarbeiter: »Liebes Kind, mich friert es am Kopfe! Was ist zu tun?«

Da war auch schon die nächste Geschäftsidee geboren.

Die gute Fee der Fettleibigen erfand die »Trenn- und Zusammenhaltkost«.

Denn einerseits mochten die etwas Vollschlanken nicht länger ertragen, von den relativ Dünneren tyrannisch als »Fette« bespöttelt zu werden. Andererseits waren sie nun einmal relativ dicker und hatten die relativ Dünneren nur mit mäßigem Erfolg als Magersüchtige verhöhnt. Sie blieben eben doch relativ rundlicher und hatten verdammten Hunger. Da lenkte es ab, daß sie fortan riesige bunte Stoffballen zu kleinen Topflappen trennten und schließlich mehrere Sorten Topflappen zu kleinen, spitz zulaufenden Karnevalsmützen zusammenpfriemelten, während sie sich an den trockenen Broten die Zähne ausbissen.

Diese »Trenn- und Zusammenhaltkost« brachte im

Nu Millionen Mützen hervor. Zufrieden konnten die nun relativ gar nicht mehr so sehr Dickeren sehen, was sie – wenn schon nicht vorm Spiegel, so doch auf der Straße – erreicht hatten: Überall ernste, zur Arbeit hetzende Männer mit unglaublich bunten und dämlichen Kappen, daß es eine Freude war.

Sie lachten und waren froh und stolz, bloß dick und nicht so doof zu sein.

Da sprachen die nun relativ gar nicht mehr so sehr Dickeren: »Liebstes Mädchen, für diesen Segen würden wir dir unser letztes Hemd geben!«

Sie war zwar gerührt von so viel praller Dankbarkeit. Aber den Anblick wollte sie sich denn doch ersparen.

Da nahm sie ihr letztes T-Shirt, bestickte es liebevoll mit dem Satz »I'm fat and I'm proud!« und brachte es zu einer Textilfirma, die so viele Schichten arbeitete, daß gar nicht genug Aufträge da waren.

Also regnete es nochmals aber und aber Taler durch den Verkauf der T-Shirts. Da war die »Fat Panther Bewegung« mit einem Schlag geboren, und das Mädchen gründete die Fette Partei Deutschlands. Im Nu waren Mandate errungen für Bundestag und

Europaparlament. »Weniger Diäten!« forderten die feisten Abgeordneten. Auf keinen Fall dürfe der »schlanke Staat« kommen. Und sie schmierten sich, wo sie nur konnten.

Butterberge wurden endlich in die Landkarten aufgenommen und Milchseen, eine Steuer für fettarme Kost war rasch eingeführt. Das Volk war begeistert.

Immer aber bekam das Waisenkind ohne Namen, weil es so gut, so klug, so standhaft gewesen war, den zehnten Teil von dieser ehrlichen und ehrenwerten – nur an den Bedürfnissen der Menschen orientierten – Politik ab, in harter internationaler Währung. Und fortan wurde das talentierte Kind nur noch »Eurotaler« genannt.

Kurzfassung für Freunde des Infotainment:

Eine sehr junge Frau wird von einem unmoralischen Hausbesitzer sexuell bedrängt und weiß sich nur mit Geschäftsideen zu helfen. So wird sie zur Karrierefrau. Ihr Bett, ihr Brot, ihre Mütze und ihr T-Shirt muß sie hergeben, um mit reichlich Talern für all ihre Mühe, Phantasie und Großherzigkeit entlohnt zu werden . . .

8.

Das Viel-Asche-Puttel

Wie einmal für eine Handvoll Linsen der Tierschutz außer acht gelassen wurde

Manchmal geht aber auch alles schief.

Da war doch zum Beispiel ein braves Kind ans Sterbebett der Mutter gerufen worden und hatte dieser noch eilig versprochen, »fromm und gut« zu bleiben. Dem reichen Vater war so was wurscht. Er heiratete sowieso nach einem Jahr wieder.

Aber die Tochter rannte immer wieder »gut und fromm« dreimal täglich zum Friedhof, um am Grab der Mutter unheimlich zu weinen und heimlich zu beten. Dabei hatte sie längst wieder eine Mutter — und obendrein zwei Schwestern!

Aber die mochten das sentimentales Getue gar nicht — schon weil sie sich nur für sich selbst interessierten. Außerdem waren sie ganz hübsch bösartig: Erst nahmen sie der wehmütigen Schwester die schönen Kleider ab. Dann steckten sie sie in einen derben Küchenkittel und ließen sie von morgens bis abends putzen, waschen und kochen und schikanierten sie, wo sie nur konnten.

Dem Vater muß das wohl gar nicht aufgefallen sein.

Auch nicht, daß das arme Kind plötzlich kein Bett mehr hatte und beim Küchenofen in der Asche schlafen mußte — weshalb sie stets dreckig aussah und das »Aschenputtel« gerufen wurde.

Eines Tages war in der Gegend bei einer noch reicheren Familie eine dreitägige Party angesagt, bei der der Sohn des Hauses unter die Haube gebracht werden sollte.

Alle Frauen wollten zu der Sause gehen, weil das nach einer guten Party, nach einer guten Partie und nach verdammt guter Abwechslung klang.

Auch das Aschenputtel wollte sich gerade putzen, als die Stiefschwestern ihr schadenfroh eine Schüssel Linsen in die Asche kippten, die sie binnen zwei Stunden herausgepickt haben sollte, wenn sie denn mitkommen wolle.

Nicht genug, daß das Aschenputtel Nacht für Nacht neben dem umweltbedenklich qualmenden Kohlenofen schlafen mußte. Nein, nun wühlte sie auch noch in der mit Schwermetallen belasteten Asche nach Lebensmitteln, die für einen späteren Verzehr ernährungsökologisch aber so was von bedenklich waren!

Und wie sie so am Wühlen in der staubigen, giftigen und dreckigen Asche war, kamen die beiden Tauben geflogen, die ihr immer so gerne von einem Baum auf dem Friedhof beim Heulen zusahen.

Es waren schöne, weiße Tauben. Diese friedvollen Wesen halfen dem Aschenputtel. Sie pickten in der Asche und stäubten dabei ihr schönes Gefieder dreckig.

Doch das nur auf die Party versessene Kind hatte gar keinen Respekt vor den Kreaturen.

»Die guten ins Töpfchen – die schlechten ins Kröpfchen!« kommandierte sie.

Wir wollen einmal davon absehen, daß die Ausbeutung der Tiere ganz allgemein ohnehin übel ist. Aber ihnen auch noch die guten Linsen zu neiden und sie für den puren Eigennutz des Menschen sammeln zu lassen und ihnen ausgerechnet die »schlechten« in den Hals zu wünschen, ist an Naturverachtung kaum noch zu überbieten!

Naja, nach zwei Stunden war die Arbeit getan. Die beiden Tauben lagen mit Pseudokrupp danieder, und ein völlig verrußtes Aschenputtel servierte die guten Linsen den Stiefschwestern. Doch die lachten nur, obwohl Hülsenfrüchte gemeinhin von Vorteil sind.

Auch die Stiefmutter wußte die Leistung nicht recht zu würdigen — sie kippte den ungenießbaren Sondermüll noch einmal in die Asche und eine zweite Schüssel hinzu. Die sollte das Aschenputtel wieder herausklauben, innerhalb einer Stunde — dann dürfe sie auch mit zur Fete.

Was war das bloß für ein Umgang mit Lebensmitteln in diesem Haushalt? Was für eine eigenartige Konservierungstechnik von Linsen in gewißlich desinfizierender Asche — welche naturvolkgleiche Art der Linsenzubereitung? dachten die Tauben. Und wieder mußten sie die Dreckarbeit erledigen für eine Handvoll Linsen!

Aschenputtel aber sollte dennoch nicht von ihren Schwestern und der Stiefmutter mitgenommen werden zu der Party — sie sähe einfach zu scheußlich aus.

Als die miesen Schwestern, die herzlose Mutter und der tumbe Vater aus dem Haus waren, wusch sich das Aschenputtel gründlich, was sie bisher wohl aus Wasserspargründen vermied.

Dann tobte sie durchs Haus und sammelte im Nähkorb, im Wäschekorb und hinter den Betten, was auch immer an Kleidung zum Ausbessern hingeworfen worden war, und stülpte alles übereinander.

So ging sie zu der Party. Sie war sofort der Blickfang zwischen all den Herausgeputzten in ihren Cocktail-Minis.

»Oh«, sprach der Bube des Hauses, »was für ein scharfes Teil! Gypsy-Look, wow!«

Seine Mutter nahm ihn beiseite: »Höre, Sohn, man diskriminiert die Fahrensleute nicht solcherart. ›Zigeuner‹ wollen die NOT genannt werden — bedenke auch den negativen Beiklang. Und ›Dschippsies‹ ist auch nicht besser!« »Aha«, sprach der Sohn. »Na, aber Grunge ist das mindestens, was die Puppe da trägt. Der Trash sieht trendy aus — wie umgestürzte Mülltonne! Solidarität mit den Obdachlosen, voll!«

Also tanzte er den ganzen Abend mit Aschenputtel. Da halfen keine Damenwahl, die eigenartigerweise andauernd beim Ein-Mann-Elektronik-Orgel-Orchester beantragt wurde, noch Abklatsch-Versuche.

»Dich werde ich heiraten«, sagte der junge Mann, der gleichzeitig versprach, ganz bestimmt nie wieder Fahrensleute ausgrenzen zu wollen.

»Tut mir leid, ich hab' noch die große Wäsche zu machen«, sagte die Grantschige.

Sie brach dann überstürzt auf. Aber auf der Treppe zum Garten blieb sie kleben. Die umsichtige Mutter hatte Pech aufgebracht, damit die Gäste nicht Geschirr, Gestühl und alles, was nicht niet- und nagelfest ist, wie die Fahrensleute zur Hintertür hinausschleppten.

Dort blieb nun des Aschenputtels ausgelatschter Mokassin hängen. Sie floh auf einem Schuh nach Hause, schmiß die Klamotten wieder in alle Ecken,

wälzte sich in Asche — was auch nicht gesund sein kann — und stellte sich schlafend, als die Stiefs und der Vater heimkehrten.

Sie hatten das arme Kind in den Müllklamotten nicht erkannt, obwohl sie doch selber alles daran gesetzt hatten, daß das Aschenputtel sowieso andauernd so schundig wie möglich aussähe. Anderntags sprach der Junggeselle vor, der um den peppigen Weitergang seiner »Soli-Party für Fahrensleute«, wie er öffentlich herumposaunte, besorgt war, wenn nicht seine angebetete Grunge-Braut aufkreuze.

Er hatte den Mokassin bei sich und wollte ihn partout allen weiblichen Wesen anprobieren, um herauszufinden, wer denn die Angebetete sei. Männer sehen sich Frauen nämlich nie so genau an — es reicht ihnen, grob zu erkennen oder mit Hilfsmitteln wie Mokassins auszuprobieren, ob es die ihre ist, oder ob man die haben sollte, egal ob sie Grunge trägt oder Gypsy-Look.

»Der tickt nicht richtig«, schimpften die Stiefschwestern, als sie den gammeligen Mokassin mit der Pechschicht anprobieren sollten. »Fummeltyp, kaputter.«

Nein, dazu waren sich die beiden zu fein. »Eher schlaf' ich eine Nacht auf einer Erbse«, sagte die ältere.

Nur das Aschenputtel war bereit, mit ihren Staubfüßen in die versauten Mokassins zu schlüpfen. Und sie saßen so gut, daß sie nicht mehr abgingen.

Da hat der oberreiche Sohn sie geheiratet, weil er Stadtindianer sowieso schon immer gut fand, weil das ja letztlich auch so Fahrensleutchen waren.

»Wer viel Asche durch Heirat haben möchte, sollte die Asche daheim nicht scheuen«, sagte das verheiratete Viel-Asche-Puttel noch zu ihren Schwestern.

Kurzfassung für Freunde des Infotainment:

Eine junge Frau wird von der Mutter und älteren Geschwistern genötigt, den Ofen umweltschädlich zu entsorgen und als Symbol des Friedens auf Erden bestimmte Tiere zu niederen Arbeiten zu mißbrauchen, in dem sie Linsen sortieren müssen. Ihre Freude am ausdrucksstarken Tanz treibt sie in die Arme eines zunächst nichtsnutzigen Playboys, der auch weitere Frauen um sich schart, um sie unter Versprechung eines sorgenfreien Lebens in Wirklichkeit ehrlos und unemanzipiert als Konkubinen zu dingen, der aber später eine fast stadtindianermäßige Soli-Einsicht hat . . .

9.

Prinzessin pfeift auf die Erbse

Wie eine moderne Frau mit Schlafproblemen umgeht und Beischlafprobleme vermeidet

Es war einmal ein junger Prinz, der suchte eine Prinzessin wie Fische ein Fahrrad.

Und der Prinz reiste pauschal in der Welt umher und fand doch einfach keine Prinzessin, weil sie ihm alle irgendwie »nicht prinzessinnenhaft genug« vorkamen. Dumme Sache.

Der Prinz saß bald also wieder zu Hause. Es regnete in Strömen und blitzte, wie immer, wenn grad kein Ozonloch war. Da klopfte es ans Stadttor.

Der König ging selber hin und machte auf. Er hatte nämlich einen schlanken Hofstaat und sparte an den Personalnebenkosten, um den Königsstandort zu sichern.

Vor dem Tor stand eine tropfnasse Frau, die sich als Prinzessin vorstellte. Der alte Herr ließ sie ein und bot ihr umstandslos seine Bettstatt an. Aber seine Frau war nicht nur deswegen skeptisch. »Sie sehen ein wenig ungepflegt aus, junge Dame. Können sich Prinzessinnen keinen Friseur mehr leisten?«

»Nie was von Wetlook gehört, Muttchen?«

Da wollte die Königin erst recht herausfinden, ob das vorlaute Kind wirklich eine Prinzessin war – und ob die dann nicht vielleicht zu ihrem Sohn paßte, auch wenn sie so ganz durchnäßt aussah, als würde sie auch einen Frosch liebhaben können.

»Wo kann ich mich hinhauen, Leute?« fragte Prinzessin Katja, die Nasse.

»Bloß mich nicht hinhauen«, stammelte der Filius ängstlich. Er hatte schon ziemlich Schläge bei seiner bisherigen Prinzessinnensuche hinnehmen müssen.

»Ich richte Ihnen ein Bett«, sagte die Königin.

»Aber nich' die Erbsennummer!« rief Prinzessin Katja hinterher. »Das find ich so unappetitlich: andauernd auf Gemüse zu schlafen.«

Das imponierte Herrn König und seinem verschüchterten Sohn so ganz insgesamt und generell.

Nur die Mutter war genervt: Denn die untrügliche Methode, nach der wahre Prinzessinnen daran erkannt werden, daß sie trotz zwanzig Daunendecken nicht schlafen können, wenn eine Erbse auf dem Bettrost liegt, konnte sie nun vergessen.

Also wollte sie ihr wenigstens die Nacht vermiesen, indem sie einen Kaktus unter zwei Daunendecken legte. Darauf sollte das Prinzeßchen, das die Erbse scheute, schlafen.

Anderntags kam Katja gutgelaunt, mit einer Lulle im Mundwinkel, in die Küche, bölkte »Noch Kaffä da?!?!« und grätschte breitbeinig in ihren aufgerissenen Jeans über einen Küchenschemel.

»Und wie haben Sie denn so geschlafen, Fräulein Katja?« fragte der trottelige Sohn.

»Na, ganz prima! Geiler Trip mit dem Kaktus unter der Decke! Völlig neue Erfahrung. Hopi-Technik, oder was? Ne Erbse wär' mir allerdings doch lieber gewesen.«

Da staunte die Mutter nicht schlecht. Gut geschlafen dank Kaktus? Das wollte sie eingedenk ihrer ständigen Schlafprobleme demnächst auch mal ausprobieren. Eigentlich hatte sie sich nie ganz von ihrer eigenen Prinzessinnen-Prüfung erholt. Immer noch quälten sie die blauen Flecken von der fiesen Probe mit der versteckten Erbse.

Vater und Sohn waren sich indessen einig: *Die* oder keine sollte es als Braut sein!

Es wurd' dann allerdings keine. Weil sich selbstbewußte Frauen selbstverständlich nicht zu solchen Spießern oder gar zu Speisemißbrauch herablassen. Noch dazu, wenn Spießers sich mit Kakteen im Bett klammheimlich über indianische Heiltechniken und damit überhaupt über alternative Medizin lustig machen.

So wurden die Prinzessin mobile Heilpraktikerin und der Prinz Veranstalter von Single-Parties.

Kurzfassung für Freunde des Infotainment:

Eine junge Frau, der aufgrund von Geschlechterdiskriminierung keine andere berufstaugliche Ausbildung zuteil wurde, stellt sich in einer fremden Stadt als »Prinzessin« vor.

Doch eine nichtsnutzige Königsfamilie will Scherze mit ihr treiben, indem sie eine Erbse unter ihre vorübergehende Schlafstatt schieben wollen. Denen zeigt sie, was eine Prinzessin heute alles so drauf hat . . .

10.

Dornröschen light

Wie Frauen, die spinnen, der Natur wieder zu ihrem Recht und der Sprache zur Fraulichkeit verhalfen

Es waren neulich einmal ein König und eine Königin. Die hatten kein Kind.

Da trug es sich zu, als die Königin einmal im Bade saß, daß ein Frosch aus dem Duftschaum kroch und zu ihr sprach: »Dein Wunsch wird erfüllt werden: Ehe ein Jahr vergeht, wirst du eine Tochter bekommen.«

»Welcher Wunsch? Welche Tochter? Was?« fragte die Königin noch.

Frösche neigen seit einiger Zeit zu überraschenden Belästigungen von Frauen. Möglicherweise, weil sie heutzutage vorm Laichen vielbefahrene Bundesfernstraßen überqueren müssen und ihnen die rücksichtsvoll bremsenden Autofahrer mächtig auf den Geist gehen: Weil das Bremsen die Spannung mindert und ohne dies elende Bremsen jeder ehrliche, furchtlose Survivalfrosch nach dem ruhmreichen Durchkommen reichlich Weibchen befröscheln könnte, die ihn bewunderten – zumindest mehr als die Plattfrösche vom Asphalt! So rächen sie sich.

Wie auch immer. Die Königin gebar alsbald ein schönes Kind – selbstverständlich das *schönste im ganzen Land*.

Dem König kam das ein wenig komisch vor. Er war sich nicht ganz klar, wie es eigentlich zu der Schwangerschaft gekommen war.

Von irregeleiteten, sexualprotzerischen Fröschen verstand er nichts. Jedenfalls sollte eine Mordsparty gefeiert werden, mit allem Drum und Dran. Sogar die weisen Frauen des Landes wollte der König einladen, die er seit langem als »verdammte Hexen« quer durchs Land gescheucht hatte, weil sie ihm mit ihren Kräuter- und Wurzelsäften jahrelang keine Fruchtbarkeit herbeizaubern konnten.

Als die Sitzordnung festzulegen war, zählte die Königin ab und erschrak: »Huch, das wären ja dreizehn Gästinnen! Das kann nicht gut sein — so eine Unglückszahl.«

Sie war »ein wenig abergläubisch«, wie ihr Gatte stets anmerkte. Dabei verfügte sie bloß, wie die meisten klugen Frauen, über eine spirituelle Ader, die sie sofort kosmische Gesetze global erkennen und geheimnisvolle Zeichen generell deuten ließ — und wenn bloß ein Frosch unkte.

Da wurden nur zwölfe eingeladen. Dem König war's recht. Er konnte die Weiber sowieso nicht ab. Wahrscheinlich weil er nicht so genau wußte, ob und welcher er nach all den vergeblichen Versuchen die plötzliche Frucht seiner Lenden zu verdanken hatte.

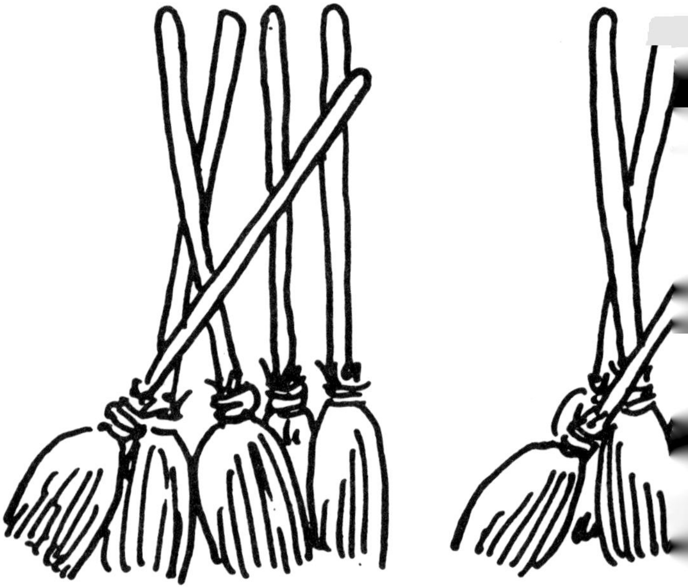

Die zwölf weisen Frauen beschenkten das Neugeborene reichlich mit Schönheit, Weisheit, Emanzipation und so dem üblichen.

Als aber die zwölfte gerade grübelte, was denn noch übrigbliebe, was Frauen nicht ohnehin schon von Geburt aus an überragenden Eigenschaften mitbrächten, da stürmte die ausgeladene dreizehnte herein. Sie stieß mancherlei übellaunige Verwünschungen über ihre unsolidarischen Kolleginnen aus. Dabei erregte sie sich so sehr über die Diskriminierung ihrer Person im allgemeinen und im besonde-

ren, daß sie in Rage dem unschuldigen Kinde wünschte, es solle sich am fünfzehnten Geburtstag an einer Spindel stechen und sterben.

Ich hätte die doch alle verbrennen lassen sollen, dachte der König, der ebensowenig von der Frauenbewegung wie von Frauen verstand und sich, wie gesagt, auch überhaupt nicht erklären konnte, woher es plötzlich zum Beweis seiner Mannbarkeit gekommen war. Er sah der dreizehnten Gästin betrübt hinterher.

»Kann man da nich' was machen — gibt's denn da gar kein Mittelchen?«, fragte er die zwölfte besorgt.

»Nicht schon wieder! Wie kannst du bloß in so einem Moment wieder nur an deine schlaffe Männlichkeit denken«, flötete sie schnippisch.

Welche schlaffe Männlichkeit? Bei so einem gelungenen Kind, für das doch die bis dahin ganz ordentlich Fete ausgerichtet wurde? Der König war beleidigt, verstand aber nun gar nichts mehr, wie alle Männer, wenn es um ihre Männlichkeit geht.

Die zwölfte grübelte: Rückgängig machen durfte sie die Arbeit der Kollegin keinesfalls. Das wäre negativ auf das Berufsbild der Frauen zurückgeschlagen, wenn es in der Öffentlichkeit dann hieße, eine hätte neulich eine ganz passable Verfluchung ausgestoßen, aber die wär' erst gar nicht eingetreten, hätte also womöglich gar nichts getaugt, Weiber bauten eben nur Mist.

Also besserte sie das Schicksal der kleinen Geschlechtsgenossin ein wenig auf, indem sie hinzufügte, daß sie nur *wie* tot sein solle — aber nach hundert Jahren putzmunter wie nach einer Cola light aus ihrem Schlaf wieder aufwachen solle.

Was für ein blöder Einfall, dachte der König bei

sich und beschloß insgeheim, die Hexenverfolgung bei nächster Gelegenheit wiederaufnehmen zu lassen.

Die Mutter aber befahl, daß alle Spindeln im Land sofort abgeschafft würden – angeblich, weil es den Frauen nicht länger zumutbar sei, von Männern andauernd diskriminierend angeblubbert zu werden: »Die spinnen, die Weiber!«

Es würde sonst noch so weit kommen, daß die Frauen mit ihrer Doppelbelastung demnächst noch nachts Stroh zu Gold spinnen sollten.

»Wir kaufen Textilien nur noch in der Dritten Welt«, sprach die Königin zu ihren Untertanen, damit die Spinnerinnen dortens mit ihren geldbringenden Spindeln die Emanzipation über die Männer vorantreiben.

Das Volk murrte, weil es schon die Bananen satt hatte, die es statt der möglicherweise vergifteten Äpfel essen mußte, und die Dreadlocks, weil sie sich nicht möglicherweise vergifteten Kämmen aussetzen sollten, und das ewige Tangogetanze, weil sie wegen der möglicherweise schädlichen Schweißbänder kein Aerobic und anderen modernen Sport treiben durften.

Die Jahre vergingen, und es waren noch mancherlei Gesetze zur Förderung der Dritten Welt erlassen worden. Den Fluch aber hatten alle schon vergessen.

Da kam der fünfzehnte Geburtstag, und eine tolle Party wurde vorbereitet. Der Braten schmorte am Spieß, Mitternachtssuppe köchelte auf dem Herd, der Koch quälte ein bißchen den langhaarigen Auszubildenden, und die dreizehn weisen Frauen ärgerten sich, daß überhaupt keine von ihnen eingeladen war.

Das Geburtstagskind scharwenzelte noch durchs Schloß, während es auf seine Geschenke wartete — wahrscheinlich waren es wieder grellbunte Ethnoklamotten aus der Dritten Welt.

In einem der zahlreichen Burgtürme fand es einen Raum, den es noch nicht kannte, und öffnete die Tür neugierig. Darin saß eine alte Frau, die sie nicht kannte. Sie hantierte mit einem lustig anzusehenden Gerät, das das Geburtstagskind auch nicht kannte, und sang eine Melodie, die es noch weniger als gar nicht kannte: »Ach wie gut, daß niemand weiß, daß ich auf den König scheiß'«

Da wunderte sich die Kleine. Denn eigentlich war ihr neben Schönheit, Charme und Emanzipation auch umfassende Kenntnis und Weisheit in die Wiege geschenkt worden.

Zu wenig. Denn das Geburtstagskind fingerte prompt neugierig an der Spindel der verkleideten dreizehnten Gästin herum, die sauer war, daß sie schon wieder nicht eingeladen wurde. Sie stach sich und sank *wie* tot danieder.

Im selben Augenblick erstarb das Leben am gesamten Hof. Der König, der eben neue Pläne zur Hexenverfolgung verkünden wollte, nickte ein; die Königin, die gerade noch ein paar Freundinnen anrufen wollte, schnarchte in den Hörer; die Fröschin laichte nicht mehr in die königliche Wanne; der Koch haute seinen Auszubildenden und seine AuszubildendInnen nicht; die Suppe kochte nicht mehr, und der Braten hörte auf zu knuspern.

Um das Schloß aber holte sich die Natur das ihre zurück. Eine Rosenhecke wuchs rasch so dicht und so hoch, daß niemand hineinkonnte.

Zahlreiche Prinzen, die ohnehin nichts anderes zu tun hatten, versuchten sich an dem Biotop. Doch sie blieben an den Dornen hängen und schrammten sich daran wie blödsinnig, was ihnen ziemlich eine Lehre war, soweit Männer überhaupt lernfähig sind, was die dreizehn weisen Frauen energisch bezweifelten.

Es lag einfach eine schlechte Aura über dem Schloß, negative Energien und dergleichen. Schläfrigkeit war sowieso keine gute Grundlage für ein Königreich.

Und schon bald ging es folgerichtig drunter und drüber. Das Volk fraß Äpfel bis zum Umfallen, es wurde sich gegenseitig mit Kämmen gestriegelt bis zum Haarausfall, und Schweißbänder waren der letzte Schrei. Alle Welt lief in Joggingklamotten aus Acryl herum und betrieb Fitness wie beknackt.

Die Dritte Welt aber blieb auf den gesponnenen Garnen und dem ganzen Ethnoplunder sitzen.

Die dreizehn Frauen hatten die Amtsgeschäfte

übernommen, nannten sich das »Fröhliche Feminat« oder auch mal »Festausschuß« sowie »Alle 13!«.

Aber sonst fiel ihnen zunächst nichts Besseres ein als eine generelle und globale Sprachreform, um endlich die Diskriminierung der Frau zu beenden: Statt »Mann« oder »Herr« sollte fortan nur noch »Frau« gesagt werden, statt »er« nur noch »sie«.

Das war nicht so schlecht, aber auch nicht so doll. Jedenfalls beflügelte es wegen des fremdländischen Klanges den Tourismus, den sie rund um die umbenannte »Ökoburg Schlafhausen« aufgezogen hatten.

Der Rest der Geschichte ist schnell, aber wegen der Reform zungenbrecherisch erzählt: Am meisten zog ab*sie* die Legende von d*sie* 15jährigen, die in hund*sie*t Jahren noch knackig sein würde, männliche Gäste an, Klett*sie*maxen vor allem.

»Dornröschen light«, wie das unberührte Kind in der Reklame genannt wurde, weil sie nicht ganz tot war, wußte nichts von ihrer Attraktivität.

Hund*sie*t Jahre gingen ins Land, und das Volk fraß Äpfel bis zum *Sie*brechen, trank literweise Äppelwoi; es wurde sich gegenseitig mit Kämmen gestriegelt bis zum Haarausfall, und Schweißbänd*sie* waren d*sie* all*sie*letzte Schrei. Es war *frau*lich.

Kein Mensch begriff dies komische Völkchen, das so seltsam anzusehen war in den Joggingklamotten aus Acryl, wie es Fitness betrieb wie beknackt. Die Dritte Welt importi*sie*te inzwischen Äppelgripsche zum Komposti*sie*en, Kämme mit abgebrochenen Zacken für die heimische Bevölk*sie*ung und hochgiftigen Jogginganzugsmüll zum Endlag*sie*n. Das brachte nun die Devisen für die Entwicklung.

Die Touristen strömten noch zum Schloß, ab*sie* sie waren mehr an dem romantischen Apfelweindorf aus Holzbuden ringsh*sie*um int*sie*essis*ie*t als an dem »Dornröschen«.

Nur ein jung*sie Frau* schlich um die haushohen Hecken aus Rosen. Wär' doch ganz nett, mal 'ne Hund*sie*tfuffzehnjährige kennenzulernen, dachte *sie* so bei sich, als die Hecke sich plötzlich auftat und *sie* einließ.

So stöb*sie*te *sie* im Schloß umh*sie*, fand die Königin am Telefon vor, den König beim Gesetze *sie*lassen, den Koch beim Prügeln, den Braten beim labbrig und die Suppe beim klumpig w*sie*den.

Nur das Dornröschen fand *sie* nicht.

»Blöd*sie* Name, das«, murmelte *sie*. »So wie d*sie* Schuppen h*isie* aussieht, wäre Rumpelstilzchen auch ganz angebracht.«

Schließlich fand *sie* den Turm und das geheimnisvolle Zimm*sie* mit dem schlafenden Dornröschen. Erst sah *sie* ihm eine Weile zu, dann v*sie*gewiss*sie*te *sie* sich vom Turmfenst*sie* aus, daß alle im Schloß noch schliefen.

Linkisch und leidenschaftlich knutschte *sie* sodann das Dornröschen von oben bis unten ab, während es unt*sie* seinen unappetitlich zudringlichen Küssen allmählich *sie*wachte. Empört richtete es sich von seinem Jahrhund*sie*tschlaf auf – sollten die Probleme d*sie* Frauen denn imm*sie* dieselben bleiben?

Es war entsetzt: »Hinfort, du tölpelhaft*sie* Flegel, was fällt dir ein – ich werd' dich lehren, eine unschuldige Frau mit deinen froschgleichen Lippen zu beschmuddeln.«

Es prügelte den üb*sie*raschten Helden die Treppen hinab und durchs ganze Schloß. D*sie* Koch hatte dem Auszubildenden gerade endlich eine runt*sie*gehauen und sah neuen Spaß auf sich zukommen. Den

Holzlöffel schwingend, raste *sie* hint*sie* d*sie* kreischenden Prinzessin und ihrem panischen Opf*sie* h*sie*.

D*sie* König sah es mit Amüsement und *sie*wog gleich ein Gesetz auch zur V*sie*brennung all*sie* Jünglinge, schon wegen d*sie* geschlechtlichen Gleichbehandlung.

Die Königin *sie*zählte ihren Freundinnen d*sie*weil am Telefon, was für ein ausgesprochen gutaussehend*sie* Junggeselle sich d*sie*zeit neu am Hofe befinde und ob sie nicht auf ein paar Ritt*sie*turni*sie*e vorbeischauen wollten.

Die Hecke um das Schloß war sowieso plötzlich v*sie*schwunden wie die dreizehn weisen Frauen schon seit Jahren — so weise waren sie eben doch nicht gewesen, daß sie einen Zaub*sie* ausgesprochen hätten, den sie noch selbst hätten voll und ganz mit*sie*leben können.

Und während die Prinzessin, d*sie* Koch und eine Handvoll gelangweilt*sie* Touristen den armen Rett*sie* gedanken- und pausenlos durchs Land hetzten, wurden schiffsweise neue Bananen geord*sie*t, staubige Mops wurden provisorisch als Dreadlocks-P*sie*ücken umgepfriemelt und Tangoschritte geprobt.

Kurzfassung für Freunde des Infotainment:

Durch unsinnigen Aberglauben wird eine dreizehnte Gästin nicht zu einer Party gebeten. Die so Diskriminierte nutzt skrupellos ihre spirituellen Kenntnisse zu allerlei Verwünschungen, die schließlich zunächst beim Kind der Gastgeber, dann aber auch bei den verschmockten Eltern und deren sozial ausgebeutetem Hauspersonal zu psychosomatischen Schocks und anhaltender Schläfrigkeit führen. Das nunmehr unbehütete Haus wird rasch von der Natur zurückerobert, Rosen überwuchern es, bis ein von der Ökologie unbelecktes Rauhbein sich verspätet und uneingeladen einen Weg zu der Party bahnt und in beispiellosem Sexismus die schlafende Tochter erotisch attackiert . . .